KB088668

어쨌거나 괜찮아

어쨌거나 괜찮아

오늘도 애쓰는 당신을 위한 자기긍정감 심리학

다카가키 츄이치로 지음 | 홍상현 옮김

나름북스

차례

7장 자기긍정감을 기르려면

이번에 졸저 《어쨌거나 괜찮아》가 번역되어 한국의 친구 여러분과 만나게 된 것을 영광으로 생각합니다. 극복해야 할 역사문제는 있지만, 한국과 일본은 가장 가까운 이웃 나라이자 오랜 친구이기도 하지요. 그런 나라의 친구 여러분께서 제 책을 읽어 주신다니 기쁘기 그지없습니다.

어린이들의 '등교거부' 문제가 사회문제로 주목받은 지 어언 40년의 세월이 흐른 일본에서는 최근 청년들의 '은둔형 외톨이' 문제가 심각해지고 있습니다. 그들 중 대부분은 학교와 사회에 나오지 않는 자신을 "한심하다, 글러먹었어"라고 책망하던 끝에 "나 같은 건 죽는 게 낫다"면서 그 존재 자체를 부정하고 있습니다.

그런 어린이들, 청년들을 임상심리사로서 만나온 지도 40년이 되었네요. 저는 이제껏 그들이 자신의 존재 자체를 부정하는 마음으로부터 해방되어 기운을 차릴 수 있도록 하는 일에 매달려 악전고투를 거듭해 왔습니다. 그 임상 현장에서 태어난 것이

"있는 그대로 괜찮다"는 자기긍정감이라는 말·개념입니다.

　오늘날 애써 '힘겨움'을 감추며 '버티고 있는' 어린이들·청년들에게 공통된 특징은 자신을 '인간'보다 '인재'와 동일시하며 살아가고 있다는 점입니다. 자기 자신의 느낌보다 '평가'를 더 의식하고요. 즉, '나는 얼마짜리 인간인가'에 신경을 쓴다는 이야기입니다. 인간의 상품화, 그 이상도 이하도 아닙니다. 이런 사회적 풍조와 가치관이 어린이들과 청년들 사이에 힘겨움을 초래하고 있는 것입니다.

　제가 지도했던 한국 출신 제자들 가운데 이 자기긍정감이라는 말에 주목해 석사 논문을 쓴 대학원생도 있었습니다. 그녀는 "현대 한국 사회는 심각한 외모지상주의 사회로 불린다"고 지적하면서, 한국 청소년들이 왜 성형수술을 원하는가, 그것이 자신의 존재 자체를 긍정하는 자기긍정감이 없기 때문은 아닌가 하는 문제의식을 느끼고 이를 규명하려 했습니다.

　나름북스를 통해 한국에 소개되는 이 책이, 저와 같은 문제의식을 공유하는 한국의 친구 여러분께서 사회에 관해 생각하는 데 일조한다면 더 바랄 것이 없겠습니다.

2017년 11월 30일

다카가키 츄이치로

자기긍정감自己肯定感이라는 말 자체엔 까다로운 문제가 있습니다. '긍정肯定'이라는 단어의 의미를 어떻게 파악하느냐에 따라 받아들이는 방식 또한 달라진다는 점입니다. 내가 어떤 의미로 사용하건 '자기긍정감'이라는 말을 듣거나 읽는 쪽에서 반드시 내 뜻대로 받아들여 줄지는 미지수입니다.

사람에 따라서는 '긍정'이라는 단어에서 강한 인상을 받아, '긍정'하지 않으면 안 되겠구나, 반드시 '나 자신을 긍정해야겠다'는 강박을 느낄 수도 있겠죠. 하지만, 이는 제 본래 의도와 다릅니다. 저는 오히려 반대의 의미를 담아 이 말을 사용해 왔거든요. '착한 사람'이 되자는 강박에서의 해방을 의도한 말이 도리어 '긍정해야만 한다'는 강박적인 말로 전도된다면 이는 매우 심각한 일이므로 당연히 그런 이해를 바로잡아야 합니다.

하지만, 사람을 평가하고 가치 매기는 경향이 지배적인 오늘날의 풍조에서 이런 시선을 내면화한 사람들은 '긍정'이라는 단어를 접하면 반사적으로 '긍정적 평가'라는 의미부터 떠올릴 겁니다. 저는 바로 이 부분을 배려하면서 이 말을 사용하기 위해 노력해 왔지만, 아직 그런 이해가 보편적이지는 않은 현실이 내내 신경 쓰였습니다.

그런 까닭에, 저는 이 책을 통해 제가 말하는 '자기긍정감'에서 '긍정'이 인간을 '평가', '가치 매김'하는 시선과 무관하다는 점을 다양한 각도로 설명했습니다.

사전을 펼쳐 다시 한번 확인해 보았습니다. '한자 박사'라고도 불리는 시라카와 시즈카白川静씨가 만든 《한자사전常用字解》을 보니 '긍정'의 '긍肯'을 다음과 같이 설명해 놓았습니다.

'긍': 굳이, 승낙하다. '곤란한 상황을 무릅쓰고 하는 것'이 '굳이ぁぇて'이며, '굳이 하는 것'을 승낙(동의)한다고 한다. 따라서 '긍'은 긍정(인정하는 것, 받아들이는 것)의 의미가 된다. '굳이, 승낙하다, 받아들이다'의 의미로 쓰인다.[1]

이 기술을 보면, '긍정'이라는 말을 오늘날과 같이 '성능'을 '평가'하려는 의미에서 파악하고 있지 않다는 것을 알 수 있습니다. 오히려 '받아들이다'나 '곤란한 상황을 무릅쓰고 굳이 하는 것을 승낙한다(동의한다)' 같은 의미들이 눈에 들어오지요. 저는 솔직히 이 내용을 읽고 기뻤습니다. 개인적으로 다음과 같은 의미를 읽을 수 있었기 때문입니다.

평가로는 자신을 긍정할 수 없다. '곤란한 상황'이더라도 '굳이 그것을 무릅쓰고' 자신을 '인정하고 받아들이는' 것. 그런 의미에서 '자기긍정감'이라는 말을 쓰는 것은 사전적 의미로 보더라도 무척 바람직하다는 걸 완전히 이해할 수 있었습니다.

저는 대체로 위에서 설명한 내용과 같은 맥락에서 '있는 그대로 괜찮다'는 말을, 제가 생각하는 '자기긍정감'을 설명하는 의미로 사용해 왔습니다. 평가받고 가치가 매겨지면서 자신을 부정하는 마음에 만신창이가 되어 버리는 오늘날의 아이들과 어른들을 격려하기 위해 이 말을 써 왔습니다.

'있는 그대로 괜찮다'는 이야기를, 부족하고 서툰 점 투성이일지라도 그런 자신을 받아들이며, '괜찮다, 상관없다'고 인정한다는 의미가 담긴 '자기긍정감'이라는 단어로 표현해 온 것입니다. 이 책에서는 그간 제가 SNS 등에서 다룬 화제들을 다양한 측면에서 이야기할 것입니다.

---

1 《한자사전常用字解》제2판, 헤이본샤平凡社, 2003년.

1장
자기긍정감이 뭐지?

1.너도나도 쓰는 말, 자기긍정감의 진짜 의미

다른 나라와의 비교

지금까지 우리 사회는 각종 국제 비교에서 '나 자신에게 만족한다', '나는 가치 있는 인간이다'라고 느끼는 아이들의 비율이 다른 나라에 비해 지극히 적다는 점을 우려해 왔습니다. '우리 아이들은 자기긍정감이 낮다'는 말까지 나오고요. 하지만, 애초에 '자기긍정감'이라는 단어의 의미조차 제대로 파악되지 못한 채 무턱대고 쓰이는 것이 현실입니다.

사람들은 우리 아이들은 자기긍정감이 낮아서 문제다, 자기긍정감을 기르도록 교육해야 한다는 식으로 비평하고 있습니다. 저는 이 풍조가 의문입니다. 단지 '자신에 대한 만족도'가 낮고, '나는 가치 있는 인간'이라고 생각하지 않는 아이들이 많다는 것이 과연 우려할 만한 일인지 모르겠습니다.

문제는 오히려 왜 '자기 자신에게 만족'하며 '가치 있는 인간'이라고 느끼는가가 아닐까요. 저는 이쪽에 더 신경이 쓰입니다. '승자 그룹'이 될 만한 능력을 갖춘 자신에게 만족하며, 가치 있다고 느끼는 자기긍정감도 있겠죠. 경쟁 사회에서 승리할 수 있도록 자기긍정감을 '뽀빠이의 시금치'[2] 삼아 장려하는 사람들도 있을 겁니다.

자기긍정감을 심어 주는 시험?

일제고사의 문제점을 지적할 때 자기긍정감이 언급되기도 합니다. '자기긍정감을 심어 줄 수 있는 시험이 아니라면 의미가 없다'는 이야기에 등장하죠. '자기긍정감을 심어 주는 시험'? 자기긍정감이 시험과 무슨 관계가 있는지 잘 모르겠습니다. 시험으로 자기긍정감을 기를 수 있을까요?

---

2 뽀빠이는 미국의 만화주인공으로, 연인인 올리브가 위험에 빠질 때마다 주머니에서 시금치 통조림을 꺼내 먹습니다. 그러면 근육이 울퉁불퉁한 마초로 변신하지요.

도대체 어떤 시험이 어떻게 자기긍정감을 심어 준다는 걸까요?

저로서는 위의 이야기 뒤에 이어진 '일제고사를 본 아이들이 비참함을 느끼고 비굴해진다면 그런 시험은 없는 편이 낫다'는 문장으로 미루어, 시험을 본 아이들이 비참해지거나 비굴해지지 않고 자신감을 가질 수 있는 시험이 되어야 한다는 의미일 것으로 추측할 뿐입니다.

하지만, 여기에 '자기긍정감'이라는 말을 가져다 쓰려면 나름의 의미가 담겨 있어야 하지요. 저는 시험을 통해 자기긍정감을 기른다는 발상 자체를 하지 않습니다. 제가 생각하는 자기긍정감은 그런 성질의 것이 아니기 때문입니다.

시험에서 능력과 특성을 평가받으며 상처를 받는 아이가 대단히 많습니다. 이는 부분적 능력에 불과한 성적만으로 '모자란 녀석'이라며 아이의 존재 자체를 부정해 버리는 '위협적 평가'가 버젓이 통용되기 때문이지 시험 탓이 아닙니다.

물론 '자기긍정감'이라는 말이 제 전매특허는 아닌지라 다양한 의미를 담을 수 있겠지만, 자기긍정감은 애초에 시험과 같은 부분적 능력의 측정으로 손상을 입을 수 있는 것이 아닙니다. 자기긍정감을 좌우하지 않는 일부분에 의해 존재가 긍정 또는 부정당하는 가치관, 또 그런 문화가 아이들의 자기긍정감에 영향을 미치고 있다는 이야기입니다. 제가 말하는 자기긍정감은 애초에 시험이라는 도구에 의해 길러지거나 위축될 수 없습니다.

그런 의미에서 '자기긍정감을 심어 주는 시험'이라는 말에 저는 위화감을 느낍니다. 시험으로 생긴 자기긍정감은 '평가'에 의한 자기긍정감에 지나지 않습니다. 자기긍정감을 그런 의미로 한정한다면 단지 평가가 후한 시험 방식을 생각해 내는 것만으로 자기긍정감을 심어 주는 일이 가능할지도 모릅니다. 그러나 적어도 저는 그런 '평가'에 의한 자기긍정감, 즉 자신의 '좋은 점'을 평가해서 자신을 긍정하는 식의 자기긍정감에는 문제가 있다고 생각합니다.

제가 초점을 맞추는 것은 오늘날 아이들이 자신이 처한 상황에서 존재 그 자체를 긍정하는 자기긍정감입니다. 부족한 부분이나 취약한 부분까지 아울러 자신을 받아들이고, 그 존재를 긍정하는 자기긍정감의 소중함을 강조하는 겁니다. 이는 시험으로 길러지거나 심어지는 자기긍정감과 다릅니다.

저는 제가 말하는 자기긍정감의 부재가 오늘을 살아가는 아이들, 그리고 청년들이 경험하는 '힘겨움'의 핵심에 자리한다는 것을 임상심리 현장에서 통감했습니다. 또한, 그런 의미에서 '있는 그대로 괜찮다'는 수식어를 붙여 자기긍정감을 말해 왔습니다. 아울러 저는 이토록 중요한 의미를 담고 있는 단어를 그 의미조차 명확히 하지 않은 채 유행어처럼 아무렇게나 사용하는 현실이 말 자체를 소중히 생각하지 않는 풍조를 심화시키고 있지 않은가 하는 의구심을 지울 수 없습니다. 나중에 소개할 '새로운 역사 교과서를 만드는 모임(새역모)' 사람들의 '자기긍정감'이야말로 이런 문제가 가장 두드러지는 예라고 생각합니다.

만약 어떤 말이 그 자체에 담긴 의미의 존중 없이 그저 유행에 따라 무분별하게 사용된다면, 개인이 스스로 자신의 책임을 생각할 기회는 사라져 버리고 맙니다. 제가 생각하는 자기긍정감은 바로 이런 사태를 문제시하는 개념입니다. '인간이 개인으로서 존중받을' 것을 호소하는 말이기 때문입니다.

2. 칭찬받아야 한다는 압박에서 해방되기

자기긍정감과 자기만족의 차이

저는 강연에서 청중으로부터 질문을 받을 때마다 제가 사용하는 '자기긍정감'이라는 말을 다시 검토하고, 그 의미를 더욱 명확히 할 수 있었습니다. 예컨대, 어떤 강연에서 은둔형 외톨이 경험이 있는 젊은이로부터 받은 질문입니다. 내용인즉슨 "선생님이 말씀하시는 '있는 그대로 괜찮다'는 자기긍정감과 '자기만족'은 결국 같지 않은가요? 다르다면 어떤 차이가 있습니까"라는 것이었습니다. 저는 이렇게 답했습니다.

우선 '자기만족'은 '이렇게 되고 싶다'라든가 '이렇게 하지 않으면 안 된다'는 기준을 설정해 놓고, 그것을 클리어하면 자기애가 충족되면서 경험하는 만족입니다. 하지만,

자기만족에는 기준이 있으므로 이를 달성하지 않으면 자기애가 충족되지 않아 자신에게 불만을 느끼게 됩니다. 아이들에게 '이렇게 되기를 바란다'는 기대나 기준을 제시하고 아이가 이에 부합할 때 만족하지만, 그렇지 못하면 불만을 느끼는 부모들이 있죠. 심한 경우 기준에 맞지 않는, 즉 기대를 저버린 아이에 대해 싫다, 그런 아이를 원하지 않는다고 거부하는 경우까지 있습니다.

이런 것과 마찬가지입니다. 마음에 드는 자신에게는 만족하지만, 마음에 들지 않는 자신에 대해서는 '이런 내가 싫다!'면서 거부하게 되는 것. 자기만족이란 그런 것입니다. '자기만족'이라고 가볍게 말해 버리는 순간 이면에서는 부정적인 '자기혐오', '자기거부'가 생깁니다. 이것과 '있는 그대로 괜찮다'는 자기긍정감은 전혀 다릅니다. 기준을 충족했으니 '괜찮다'고 안심하는 것이 아닙니다. 마음에 들지 않는 부분이 있더라도 그 부분을 포함해 자신을 있는 그대로 인정하고, 이것이 '있는 그대로의 나'임을 받아들여 살아가는 것입니다. 부족한 부분이 있더라도 존재 그 자체를 부정하거나 거부하지 않는, 마음에 들지 않는 '약점', '결점'까지도 포함해 자신을 받아들이는 용기입니다.

젊은이는 이런 제 설명을 듣고 이해해 주었습니다.

자기긍정감을 어떻게 기르지?

중학교 사친회 연합회를 대상으로 '제2의 탄생을 어떻게 도울 것인가'라는 주제의 강연을 한 적이 있습니다. 여기서 저는 사춘기가 어른이 되기 위한 진통이 시작되는 '제2의 탄생'의 시기이며, 특히 최근에는 이 시기가 가히 '난산의 고통'에 버금가는 괴로움으로 점철된 경우가 많다고 지적했습니다. 또한, 그것은 이 '제2의 탄생'의 '산도産道'가 경쟁 원리 때문에 대단히 좁아져 있고, 따라서 '산통'을 견딜 수 있게 해 주는 자기긍정감까지 상실된 경우가 대부분이기 때문이라고 설명했습니다.

그러자 어느 사친회 회장이 "자기긍정감의 중요성은 잘 알겠습니다. 그럼, 그 자기긍정감은 어떻게 길러 줘야 할까요? 칭찬을 해 주는 것이 중요한가요?'라고 질문했습니다. 저는 다음과 같이 답해 주었습니다.

육아나 교육 현장에서 '아이들의 장점을 찾아 인정해 주거나 칭찬함으로써 자기긍정감을 길러 주자'는 이야기를 많이 합니다. 물론 저도 이런 말들을 전적으로 부정하지는 않습니다. 하지만, 그것이 단순히 '칭찬으로 길러 주면 된다'는 말은 아니라고 생각합니다. 아무리 노력해도 인정받지 못해 괴로워하는 아이들이 있기 때문입니다. 아이들을 칭찬하고 인정해 주는 일은 중요하지요. 하지만, 그것만으로 제가 말하는 '자기긍정감'은 길러지지 않습니다. 복잡한 사정이 있거든요.

칭찬의 함정

오늘날의 경쟁 사회에서 '칭찬한다'는 일은 '함정'을 내포하고 있다는 점을 명심해야 합니다. 여러분은 칭찬을 받으면 기쁩니까? 긍정적 영향이 작용한다고 느끼십니까? 저도 어릴 때는 꽤 착한 아이였습니다. 부모님과 선생님의 기대에 부응하기 위해 노력했거든요. 여기서 가령 제가 여러분들로부터 '다카가키 선생님 말씀은 정말 이해가 잘돼요. 훌륭한 강연입니다'라는 칭찬을 받는다고 가정해 봅시다. 그런 이야기를 듣는다면 물론 저는 기쁘겠죠. 하지만, 그것만으로 끝나지 않습니다.

여기서 제가 소위 말하는 '착한 아이'라면 '또 칭찬받을 수 있는 강연을 해야겠다'는 생각을 발전시키게 될 겁니다. 하지만, 다른 한편으로 강연에서의 실패를 두려워하겠죠. '착한 아이 강연'을 해야만 한다는 강박에 사로잡히는 겁니다. 그러다 보면 '있는 그대로'의 제 강연은 불가능해집니다. 자칫하면 제가 아니라 여러분의 비위를 맞추는 '착한 아이', 말하자면 타자의 강연이 되어 버리기 때문입니다. 그래서 '있는 그대로 괜찮다'는 자기긍정감으로부터도 멀어지게 될 테고요.

여러분은 혹시 칭찬받는 건 좋지만, 다시 칭찬을 받아야만 한다는 압박을 느낀 경험이 있지 않은가요? 일단 칭찬받고 나서 다시 칭찬받는 내가 '되어야 한다', 그래서 선생님과 부모님을 '기쁘게 해 드려야만 한다'는 함정에 빠지는 아이가 많습니다. 이런 '착한 아이'가 많다는 현실을 제대로 파악하는 것이 중요합니다. 이런 '착한 아이'로부터 자신을 해방할 수 있도록 도와주는 메시지가 '있는 그대로 괜찮다'는 말이기 때문입니다.

중요한 것은 용서받은 경험

그런 '착한 아이'의 함정에 빠져 괴로워하는 아이들을 수도 없이 봐 온 저로서는 '칭찬으로 자기긍정감을 길러 주면 된다'는 말을 쉽게 할 수 없습니다. 오늘날 아이들이 처한 상황을 보면, 칭찬보다는 '용서'가 훨씬 중요하니까요.

'착한 아이'는 좌절과 실패를 받아들임으로써 강박에서 해방되어 비로소 안심하게 됩니다. 경쟁에 시달리며 자란 아이들에게는 '안심'이 가장 부족합니다. 이런 아이들의 마음은 버려질지 모른다는 불안으로 가득 차 있습니다. 저는 등교거부를 하는 아이들을 격려하기 위해 '있는 그대로 괜찮다'는 자기긍정감이 중요하다고 거듭 말해 왔습니다. '인생의 구명튜브'라는 표현을 쓰기도 했습니다. 이러한 자기긍정감이 의미하는 것은 '있는 그대로 괜찮다'는 말로 표현되는 안도감입니다.

우리가 아기였을 땐 모두 기저귀에 대소변을 보았습니다. 당시 부모님이 어떤 반응을 보이셨나요? 기억나지 않으십니까? 아마도 '우리 아기, 쉬야 해서 기저귀가 차갑겠네? 옳지, 옳지, 지금 기저귀 갈아 줄게. 옳지, 옳지', '응가 했어? 기분 나쁘겠네? 옳지, 옳지, 기저귀 바로 갈아 줄게. 옳지, 옳지'라는 말씀과 함께 기저귀를 갈아 주셨을 겁니다. 저도 제 아이들의 기저귀를 갈면서 그런 이야기를 해 주었으니까요.

이 '옳지, 옳지'입니다. 이게 무슨 의미일까요? '대소변을 잘 볼 정도가 되었구나, 착한 아이네'라고 평가하는 '옳지, 옳지'입니까? 그렇지 않지요. '쉬야를 했으니까 기저귀가 차갑겠구나? 알았어', '응가 해서 기분이 나쁘겠구나, 그래' 하는 의미입니다. '쉬야를 해도, 응가를 해도 상관없어, 괜찮아' 하는 '옳지, 옳지'인 겁니다. 제가 말하는 자기긍정감에서의 '긍정'이란 이렇듯 '공감'과 '용서'의 의미가 담긴 '옳지, 옳지'입니다.

만약 아기에게 명확한 의식이 있다면, '기저귀에 대소변을 봐서 부모님을 힘들게 하는 나도, 옳지, 옳지 소리를 들을 수 있구나. 성가시기 짝이 없는 나지만, 세상에 존재해도 괜찮은 거구나' 하며 안심할 수 있겠죠. 이와 같은 일

로 상징되는 '배려'나 '보살핌'의 경험이 축적됨으로써 그것
이 아이들의 마음에 내면화되고, 결국 자기 자신에게 '옳
지, 옳지'를 말할 힘이 길러지는 겁니다.

3. 누군가의 기대 때문에 노력하는 괴로움

힘겨움 속에서 태어난
자기긍정감

제가 말하는, '있는 그대로 괜찮다'는 메시지를 담은 자
기긍정감은 카운슬링의 현장에서 태어난 까닭에 아무래
도 힘겨워하는 이들에게 초점이 맞춰져 있습니다. 그들을
북돋아 주기 위한 자기긍정감인 것입니다.

경쟁 사회에 적응해 열심히 일하는 사람들이나, 승자
그룹이 되기 위해 노력하는 사람을 대상으로 한 자기긍
정감이 아닙니다. 하지만, 장애가 있는 사람들이 살기 좋
은 환경과 사회는 건강한 사람들에게도 살기 좋게 마련입
니다. 마찬가지로 힘겨워하는 이들이 '살만하다'고 느낀다

면, 이 순간 씩씩하게 적응하고 있는 사람들 역시 '살만하다'고 느끼지 않을까요. 임상심리사의 역할 중에는 물론 사람들이 기존의 사회에 적응하도록 돕는 일도 있지만, 그것이 가장 중요하진 않습니다. 사람들이 확고하게 '자기 자신'으로서의 삶을 살도록 돕는 것이야말로 저의 사명일 테니까요.

힘겨워하는 이들을 '있는 그대로 괜찮다'는 말로 해방시키고, 안심하며 살아가게 하는 자기긍정감이 필요합니다. 그렇게 그들 모두가, 각자 '나답게' 살 수 있는 기반에는 '생명체다움'이 자리하고 있어야 할 것입니다. 생명력의 활성화에 따라 자신을 해방시키고 북돋우는 자기긍정감이 바로 그것입니다. 이 내용과 관련해서는 6장과 7장에서 자세히 다루겠습니다.

두 가지 반응

저는 대학의 학부에서 '카운슬링론'과 '임상심리론'을 가르쳤습니다. 그런데 수업을 하다 보면 '있는 그대로 괜찮다'는 이야기를 듣는 것만으로 눈물을 쏟는 학생들이 있습니다. 그런가 하면 '있는 그대로 괜찮다'는 말 같은 건 '한가한(/철없는) 소리'라며 반론하는 학생들도 있었습니다. '있는 그대로 괜찮다'고 생각하면 현재의 자신에 안주하게 되어 향상심이 사라지지 않을까 하는 걱정이었습니다. 조금 놀라웠지만 그런 수용방식도 있음을 알게 된 기회였습니다. 이런 이야기를 하는 학생 중에는 대개 '노력파'가 많습니다.

이런 반응을 접하니 어떤 기억이 떠오르더군요. 저는 교육연구모임의 공동연구자 자격으로 등교거부대책분과에 오랫동안 참여해 왔습니다. 그 연구모임에서 등교를 거부하는 아이들을 '지금 그 모습 그대로 괜찮다'고 수용하는 자세가 중요하다고 말했을 때도 '그런 소리를 들은 아이가 지금의 자기 모습에 안주해 노력하지 않게 되면 어떻게 하느냐'는 우려의 목소리가 여러 번 나왔습니다.

저는 이런 의견을 이해할 수 있습니다. 어쩌면 우리는 '힘내자, 힘내자' 하는 채찍질을 멈춘다면 노력하지 않게 될 거라는 걱정과 불안을 마음 한구석에 공유하고 있는지도 모르겠습니다. 하지만, 다행스럽게도 그러한 걱정과 불안은 수많은 등교거부 학생이 실제로 다시 기운을 회복함으로써 그저 기우에 불과했다는 것이 밝혀지고 있습니다.

'채찍질이 없으면
노력하지 않는다'는 인간관

오늘날 우리 사회의 시스템, 학교 시스템은 이른바 경쟁 시스템입니다. 모두 같은 방향을 향하며 경쟁하고 있습니다. 이 시스템 안에서 대다수는 '노력하지 않으면 뒤처진다'는 위협을 느끼며 노력을 강요받습니다. 이런 환경에 있다 보면 어느 틈엔가 '인간은 채찍질당하지 않으면 노력하지 않는다'는 왜곡된 인간관을 갖게 됩니다.

학교도 마찬가지입니다. 아이들은 왜 매일 학교에 갈까요? 학교가 재미있어서요? 물론 학교 친구들과의 교류가 즐거운 아이들이 있다는 것은 알고 있습니다. 그렇지만, 많은 아이가 '가지 않으면 안 되니까' 등교한다는 것 또한 저는 잘 알고 있습니다.

꼭 진심으로 '그렇게 하고 싶다'는 생각이 들어서, 즉, '가고 싶으니까' 학교에 가는 게 아니라는 거죠. 많은 아이가 가지 않으면 '장래가 불안'하고, 그게 싫어서 '가야만 한다'고 생각하고, 그래서 학교에 갑니다. 다시 말해 어떤 '위협' 때문에 학교에 갑니다.

부담스러워서, 불안해서 하는 노력

그 '위협'에는 아이를 향한 부모의 기대도 포함됩니다. 아이들은 저출산 사회에서 부모가 얼마나 힘겹게 경제적 비용과 애정을 집중해 자신을 키우고 있는지 잘 압니다. 그러므로 일반적으로 기대에 부응해 부모를 기쁘게 해야 한다는 마음이 강합니다. 그런 부모들이 가진 최대공약수와도 같은 기대는 아이들이 매일 '밝고, 씩씩하고, 즐겁게' 학교에 다니는 것입니다. 그 기대를 저버리는 것이 아이들에게 얼마나 괴로운 일인지 아시겠습니까?

왕따를 당해도 좀처럼 그것을 부모에게 알리지 못합니다. 왕따로 괴로움을 당하는 자신의 모습은 '밝고, 씩씩하고, 즐겁게' 학교에 다녀 주기를 바라는 부모들의 기대에서 벗어나 있기 때문입니다. 그리고 사실을 알게 된 부모가 상처받고 괴로워하는 것이 두렵기 때문입니다. 하물며 등교거부를 하고 있는 아이라면, 학교에 가지 않는다는 것만으로 이미 부모의 기대를 통렬히 배반하고 있는 셈입니다. 그런 자신을 받아들일 수 없겠죠. 그러니 '부모의 기대를 저버려서 죄송하다', '이렇게 한심한 나는 사라져 버리는 게 낫다'고 자신을 부정하며 고독감에 휩싸이는 것입니다.

오늘날 아이들을 둘러싼 우리 사회의 시스템과 상황 속에서 많은 아이가 '학교에 가지 않으면 큰일 난다', '기대를 저버리면 부모를 볼 낯이 없다'는 두려움과 불안감 때문에 노력하고 있습니다. 학교에 갈 수 없게 된 아이를 두고 같은 반 친구들이 어떻게 생각하고 어떤 말을 하는지 아십니까?

적지 않은 아이가 '치사하게 저 혼자만 쉰다'고 생각합니다. 심지어 이런 생각을 말로 표현하는 아이들마저 있습니다. 그래서 학교를 쉬고 있는 아이들은 동급생들로부터 '이상한 애 취급을 당할까 봐' 두려워합니다. 만약 학교가 즐거운 곳이었다면 같은 반 친구들의 반응도 달랐겠죠. '이렇게 재미있는 학교에 못 나오다니 불쌍하네, 정말 안됐다는 태도를 보였을 겁니다.

이런 내용만 놓고 보더라도 오늘날 아이들이 어떤 마음으로 노력하고 있는지 잘 알 수 있죠. 우리의 '노력하는 방식'이란 과연 어떤 모습인지, 잠시 멈춰 서서 마음속에 질문해 보시길 권합니다.

4. 자유를 희생시키는 착한 아이 콤플렉스

저는 세미나에 참가한 학생들로부터 자기긍정감에 관해 많은 피드백을 받았습니다. 그 과정에서 제가 생각하는 자기긍정감을 다시금 검토할 기회를 가질 수 있었습니다. 한 학생과 나눈 의견을 소개하겠습니다. 그 학생은 '자기긍정감이라는 말에 끌린다'면서 이야기를 시작했습니다. 그는 대학 3학년 때 제 책 《살아가는 것과 자기긍정감》[3]을 읽다가 '이거다!' 하는 생각이 들어 그 이후 내내 자기긍정감에

---

3 《生きることと自己肯定感》, 신일본출판사, 2004.

관심을 가져왔다고 합니다.

하지만, 다른 한편으로 책에 쓰여 있는 '자기긍정감'과 자기 자신의 문제가 과연 얼마나 연관성을 갖는지 다소 명확하지 않은 부분도 있었다고 합니다.

선생님께서는 등교거부와 관련해 '착한 아이 콤플렉스형' 아이들에게 초점을 맞춰 자기긍정감을 기술하셨다는 인상을 받았습니다. 이른바 '착한 아이 콤플렉스형' 아이들은 부모로부터 '버려지는 것 아닐까' 하는 불안감 때문에 상당히 무리하고 있잖아요. 그런데 선생님께서는 책을 통해 '자신이 느끼는 대로 받아들이면 된다'라든가 '내 인생이니 스스로 주인공이 될 수 있도록 자신이 느낀 것을 소중히 하면 된다'는 메시지를 전해 주셨습니다. 같은 맥락에서 '있는 그대로 괜찮다'는 말이 등장하고요. 무척 이해하기 쉽고 적절했습니다.

하지만, 한편으로 책을 읽다 보면 자기긍정감이 지닌 또 다른 차원의 의미도 느껴졌는데요. 예컨대 '생명이 나를 살아 숨 쉬게 한다'는 말이 그것입니다. 자연과의 관계 속에서 이를테면 바다 위에 둥둥 떠 있는 이미지로 설명하시기도 했는데, 그런 면을 보면 꼭 부모와 자식 간이라든가 인간관계뿐만이 아니라 자연과의 관계나 종교적인 세계 속의 관계에서도 자기긍정감이 언급될 수 있지 않나 하는 생각이 들더군요. 확실히 '있는 그대로 괜찮다'는 말은 '자신이 느끼는 대로 받아들이면 된다'는 이야기와 딱 맞아 떨어지는 것 같습니다. 하지만, 자기긍정감이라는 말에는 자신이 느끼거나 생각하는 범주를 넘어선 '자신의 삶'조차 긍정하는 뉘앙스가 담겨 있다는 인상을 받았거든요. '있는 그대로 괜찮다'는 말이 전제하는 '자신'의 범위는 대체 어디까지일까요?

그의 이 질문은 제게 숙제로 남았습니다. 생각을 정리할 수 있는 좋은 계기였지만, 답을 제시할 책임도 있으니까요. 이 책도 그 해답의 연장선에 있으나 인간 존재를 어떻게 볼 것인지와도 연관되는 문제이니 앞으로도 계속 연구할 과제겠죠. 일단 그와의 소통에서 제가 이야기한 내용은 대략 다음과 같습니다.

제가 말하는 '있는 그대로 괜찮다'는 자기긍정감은 처음부터 엄밀하고 말끔하게 정의된 것이 아닙니다. 따라서 점차 그것이 의미하는 내용이 변화하거나 중심점이 옮겨가는 과정을 거치고 있고요. 그것을 '진화'나 '심화'로 표현해도 될지는 모르겠지만, 아무튼 미묘한 변화가 계속되고 있다는 사실만은 분명합니다. 그러므로 정합성을 질문받으면 아직 '이렇게 완료되어 있다'고 명료하게 답해 드리기 어려운 면이 있어요.

또한, 애초에 '자기신뢰감'이나 '자기긍정감' 같은 말도 아이들의 문제와 관련해 쓰기 시작한 게 아닙니다. 성인 대상의 상담에서 '있는 그대로 괜찮다'는 자신감이 결여되어 있는, 혹은 안심하지 못하고 있는 분들에게 받은 인상을 이야기한 거였거든요.

그런 분들의 특징을 '있는 그대로 괜찮다'는 느낌이 없다고 표현했던 겁니다. 따라서 그 '정체'가 무엇인지 이야기한다면, 다양한 수준이 존재할 겁니다. 어릴 때부터 있는 그대로 사랑받고 인정받았던 일이 없고, 늘 부모를 의식해 기대에 부응하지 않으면 자신의 자리에 있어도 좋다고 안심할 수 없던 환경에서 성장한 사람도 있으니까요.

좀 더 거시적 차원에서 보면, 전후 일본의 중요한 시기로 '기업 사회'가 형성되었던 1960년대가 있습니다. 기업 사회란 연공서열, 종신고용, 기업 내 조합 등의 내용을 포함하는 '일본형 경영'을 통해 구성됩니다. 회사가 노동자를 위해 필요한 모든 비용을 전담하는 시스템으로 일단 그 범주에 편입되기만 하면 평생 안심할 수 있다는 것인데, 대신 노동자들은 회사에 충성을 맹세하고 '착한 아이'가 되어 내부 경쟁을 감수해야만 하죠.

즉, 회사의 '착한 아이'가 되어 노력을 기울이는 '기업전사企業戰士'로 살아가게 되는 것입니다. 이때 학교는 기업 사회를 위한 인재 양성기관이 되어 학생들이 좋은 조건으로 체제에 편입될 수 있도록 '착한 아이로서의 성능'을 연마시켜 내보내는 역할을 맡습니다. 부모도 그것을 기대하고요. 이런 인생 경로를 밟게 될 아이들도 기업 사회의 가치 체계에 걸맞게 '착한 아이'가 되어야 하겠고요.

따라서 '착한 아이 콤플렉스'라는 것은 특별한 인간들의 특별한 문제라기보다 요컨대 고도 경제 성장기 이후 우리의 삶의 모습이 초래한 것입니다. 늘 남의 눈에 어떻게 비칠지, 남들에게 어떻게 '가치 매김' 당할지를 엄청나게 신경쓰고, 내 마음을 느끼거나 스스로 생각하는 일을 억압하며 자신을 '착한 아이'로 만들기 위해 노력해 왔으니까요.

많은 사람이 이런 삶의 방식에 포위되어 있습니다. 우리 사회의 주류라 할 만한 이런 삶의 방식 때문에 자신이 속한 조직이나, 장소 혹은 주변에 '맞추는' 것이 우리의 '사회적 성격'이 된 겁니다. 아울러 이것 때문에 '있는 그대로의 자신으로 살아갈 수 없는 괴로움'이 초래되었다고 생각합니다. 소위 '분위기 파악'이라는 것도 이 연장선에 있는 것으로 이해할 수 있겠고요.

최근 들어 특히 제가 고민하는 것이 있습니다. 일본에는 예로부터 '몸소, '스스로'라는 말이 있었습니다. '자自'라는 한자를 써서 '몸소自ずから'라고 읽거나 '스스로自ら'라고 읽기도 하지요. 여기서 '몸소'라는 말은 '생명'에 의지하면서 '자신', 바로 '나'로서 살아간다는 의미입니다. 애초에 인간이 그런 존재라는 것인데요. 다시 말해, 인간에게는 '생명'이라는 우주 안의 존재로서의 측면과 '자아'라는 사회 안의

존재로서의 측면이 있다는 겁니다. 따라서 '자신'이라고 할 때는 이 두 가지 측면을 생각해야 합니다.

하지만, 숨 막히는 '착한 아이'의 자아는 생명체로서의 자신을 업신여기고, 심정적 감성의 세계를 내팽개친 채 '장래를 위해 이렇게 해 두는 게 무난하니 이렇게 해야만 한다'는, 주로 머리로 계산하는 세계에 자신을 가둡니다. 또한, 생명 세계와의 연결 고리도 완전히 끊어 버립니다.

이를테면, 등교거부 문제의 경우 '착한 아이'라는 존재 양태에 자신을 가둬 온 아이들이 그 괴로움으로부터 탈출해 기운을 차리기 위해 반드시 의지해야 할 것이 '생명 활동(자기 회복력)'입니다. 그래서 이를 활성화하는 일이 가장 중요하죠. 자기긍정감도 이것과 맞물려 있어요. 이런 부분까지 생각하기 시작하면, '생명'을 살리는 일에 균형을 이루는 '자아와 사회를 어떻게 만들어갈 것인지에 관해, 그리고 이 모든 일과의 조화 속에서 자기긍정감을 고민하지 않을 수 없게 됩니다. 자아와 생명이라는 두 가지 중심축을 가진 나로 살아가기 위해, 역시 그 관계 설정이 중요하기 때문입니다.

자아는 무언가를 소유함으로써 유지됩니다. 특성, 재산, 지위, 명예… 자신이 가진 이런 것들을 평가받아 힘을 얻게 되죠. 하지만, 생명은 평가받는다고 해서 힘을 얻을 수 있는 게 아닙니다. 생명이 힘을 얻는 것은 역시 사랑에 의해서니까요. 따라서 생명의 수준에 따른 자기긍정감과 자아의 수준에 따른 자기긍정감이라는 두 가지가 상정될 수 있습니다. 이 두 가지는 서로 다릅니다.

자아의 수준에서는 '유능하다'든가 '뛰어나다'는 식의 평가, 즉 칭찬을 받고 '자, 어때!' 하며 자기긍정감을 높일 수 있습니다. 하지만, 생명의 수준에서는 좋지 못한 평가를 받았을 때 '옳지, 옳지, 그래도 나는 너를 사랑해' 하며 격려해 주지 않으면 힘을 얻을 수 없습니다. 여기서 자아 수준의 자기긍정감이 서구의 '셀프 에스팀self-esteem'에 가까운 것 아닐까 생각합니다. 특히, 경쟁 사회에서는 '이 몸이 말이지' 하는 자아 수준의 자기긍정감이 어필하는 면이 있지요. 그러나 생명 수준에서 본다면, 그런 자기긍정감은 비뚤어져 있을 뿐더러 위험합니다. 오히려 '생명'을 약화하기 일쑤라는 겁니다.

평가를 통해 힘을 얻는다는 말에는 결국 '평가하는 사람'이 전제됩니다. 타인의 평가에 따라 '착한 아이'가 되는 것이므로 생명의 자유로움도 희생됩니다. 더욱이 생명에 힘을 불어넣으려면 '착한 아이'의 틀을 깨뜨릴 수밖에 없는 면까지 있습니다. 생명이 가진 에너지는 끊임없이 변화하고 재생합니다. 이것을 멈추면 죽음을 맞게 되지요. '착한 아이'라는 말은 그 틀 안에 자신을 고정하려는 특징이 있습니다. 그런 까닭에 생명을 억압하고 가둬 버리는 것입니다.

이것을 생명의 관점에서 바라보면 바로 '죽음'입니다. 생명에 힘을 불어넣으면서 자아의 지평을 넓히는 순환이 늘 이루어지는 것이 가장 건강하고 바람직한 형태 아닐까 합니다. 그럼 이런 자아와 생명의 균형과 순환을 어떻게 형성할 수 있을까요.

이를 위해서는 앞서 언급한 '몸소', '우주 안의 존재'로서의 생명의 의미에 기대어 '나'로서 살아가는 관계를 건전하게 성립하는 삶의 방식이 중요합니다. '있는 그대로 괜찮다'는 '몸소'라는 말 속에서의 나와 '스스로'라는 말 속에서의

내가 좋아~

나는 우주 안의 존재

나, 양쪽을 포함하고 있습니다. 저는 이와 관련해 '나 스스로 느낄 수 있는 나 자신을 그대로 인정하면 된다'는 결론을 임상 심리 현장에서 찾아냈습니다. 이것이 더욱 발전해 우리의 문화와 사상에 자리매김하려면, 역시 제가 앞서 언급한 서구적 삶의 방식과 대비해 사고하는 것이 중요한 과제라 할 수 있겠죠. 3·11 대지진과 지진해일·원전 사고 등을 경험한 우리는 생명에 의지하면서 '자신', 즉 '나'로서 살아갈 수 있게 하는 가치를 고민할 필요성에 직면해 있습니다. 3·11 피해 지역인 도호쿠東北의 지진해일 기념비에는 '돈보다 생명'이라는 경구가 새겨져 있습니다. 지금까지 일본은 돈을 좇아 왔습니다. 그 그늘에서 생명은 늘 희생을 강요받았습니다. 이러한 현실까지를 포함해 오늘을 '어제의 나'와 작별하고, '내일의 나'에게 인사를 건네는 기회로 삼아야 할 것입니다.

저는 학생에게 이런 내용의 답변을 들려주었습니다. 그들에게 말했던 이야기를 이 책에서 좀 더 자세하고 알기 쉬우면서도 풍성한 이야기로 풀어내고 싶습니다.

2장
있는 그대로 괜찮아!
-자기긍정감의 연대기

1. 인생의 고비에서 나를 믿을 수 있는 힘

사춘기라는 고비

'있는 그대로 괜찮다'는 말을 제가 처음 사용한 것은 《흔들려도 넘어가는 사춘기의 고비》[4]를 통해서였습니다.

저는 책에 사춘기에 나 자신의 머리와 가슴으로 일어나 '정말로 느낀 것', '진실하게 마음이 움직였던 것'에서 출발하기 위해, 이를 내면에서 유지해 주는 불가결한 요소가 있다. 그것은 '이렇게 느끼고, 이렇게 감동하는 지금 이 모습으로 괜찮다'는 자신에 대한 신뢰, 바로 '있는 그대로 괜찮다'는 '자기신뢰감'이라고 적어 놓았습니다. 당시에는 '있

---

4 《揺れつ戻りつ思春期の峠》, 신일본출판사, 1991.

는 그대로 괜찮다'는 의미가 담긴 말로 '자기신뢰감'이라는 단어가 더 어울린다고 느꼈기 때문입니다.

즉, '제2의 탄생'을 맞은 사춘기의 아이들이 자신의 머리와 가슴으로 일어나기 위해서는 자신의 머리로 생각하고 자신의 가슴으로 느낀 것을 신뢰하며, 그에 의지할 수 있어야 한다고 강하게 의식했다는 이야기입니다. 그런 맥락에서 '이런 식으로 생각하고 느끼는 지금의 모습으로 괜찮다'는 자기 신뢰의 의미를 담았습니다.

아울러, 자기신뢰감은 유아기에 응석을 부릴 수 있는 환경을 누림으로써 세계가 따뜻하고 안심할 수 있는 곳이라는 '기본적 신뢰감'을 획득하는 일과 연속선상에 있다는 관점에서 파악한 것이었습니다. 우리 사회의 아이들은 응석을 부릴 수 있는 근거지가 명확히 형성되어 있을 때 비로소 자립할 수 있습니다. 커다란 '자립의 고비'라 불리는 사춘기에, 자립을 유지해 주는 버팀목으로써 '있는 그대로 괜찮다'는 감각, 즉 '자기신뢰감'이라는 의미를 강조하고, 이것을 기르는 데 있어 '공감적 타자'를 향한 신뢰가 대단히 중요하다고 밝혔습니다. 이는 지금까지 제가 일관되게 인정하는 부분이기도 합니다.

'공감적 타자'로 인해
유지되고 길러지는 자기신뢰감

아이들은 자신이 느낀 것과 감동한 것을 받아들이고, 공감해 주는 타자와 교류하면서 있는 그대로의 자신을 수용해 나를 신뢰하는 마음을 기르게 됩니다. '엄마 저것 좀 봐요! 노을이 너무 예뻐' 하며 감동하는 아이 곁에서, 어머니는 '정말 예쁘네!' 하고 아이의 말을 받아주지요. '아빠, 아파' 하면서 우는 아이 곁에서 아버지는 '그래, 많이 아파? 이리 오렴, 옳지, 옳지' 하며 아이의 괴로움을 인정하고 아이의 말을 받아 줍니다.

이런 경험이 반복되면 아이는 스스로 감동하고 느껴도 되겠다는 안심을 하고, 이를 자신의 감동, 또는 괴로움으로 인정하며 받아들이게 됩니다. 자신에게 공감해 주는 타자가 있다는 것을 깨달으면, 아이들도 그런 자신을 '그 정도면 됐다'고 수용하며 신뢰할 수 있게 되는 것입니다. 이런 아이들의 마음속에는 '괜찮다'며 고개를 끄덕여 주는 타자가 확고하게 자리 잡고 있습니다. 그 공감적 타자에 의지해 아이들은 '있는 그대로 괜찮다'고 스스로를 신뢰하며 사랑하는 마음을 기르게 됩니다.

그러나 스스로 느낀 것과 감동한 것에 공감을 얻지 못하고, 누군가가 수용해 주던 경험이 없는 아이들은 '있는 그대로 괜찮다'는 자기신뢰감을 기를 수 없습니다. '엄마, 저 옷 예쁘다, 나 저거 갖고 싶어', '응? 엄마가 보기엔 하나도 안 예쁜데, 넌 왜 저런 걸 좋아하니', '아빠, 저 개 무서워', '저런 쪼그만 개가 왜 무서워. 겁쟁이 같으니라고!'

부모의 이런 반응이 계속되면 아이들은 자신이 뭔가를 '좋다'고 느끼거나 '무섭다'고 느끼는 것이 바람직하지 않은 것인가 하는 느낌 속에 죄책감에 사로잡히기 시작합니다. 머지않아 부모가 좋아할 만한 것을 좋아한다고 해야 한다는 느낌이 들게 되고요. 끝내는 부모가 좋다고 느낄만한 것에 선수를 쳐서 '엄마(아빠), 저 꽃 예쁘다'라고 말하기 시작합니다. 그러면 부모는 만족해서 '그러게' 하며 긍정해 주지요. 그러다 보면 어느 틈엔가 부모의 감정이 자신의 감정과 뒤바뀌어 버립니다. 그렇게 자기 자신의 감정을 놓치게 됩니다. 부모의 감정 체계, 가치관을 주입하며 아이들의 감정 체계에 공감하거나 그것을 인정하지 못하는 부모가 결국 아이의 감정까지 빼앗게 되는 것입니다.

감정을 빼앗긴 아이

자기 자신의 감정을 빼앗긴 아이들은 자신을 놓치고 확신을 잃어 스스로를 신뢰할 수 없게 됩니다. 부모의 감정과 가치관을 마치 자신의 것인 양 행동하며 부모의 복사판이 되어갑니다. 본래 감정은 지극히 개별적인 그 사람 고유의 것입니다. 개별 인격의 토대라 해도 좋을 것입니다.

그런 감정을 부정하는 것은 인격을 빼앗는 것과 같습니다. 그런데도 아이들에게 자신들의 마음을 주입하려 하는 부모들은, 저도 모르는 사이 내 아이에게 커다란 영향력을 행사하는 죄를 범하는 것입니다.

예전에 이 화제를 언급할 때는 미처 생각하지 못했지만, 첨언하자면 이러한 상황에 놓인 아이들은 개인으로서 존중받지 못한다고 할 수 있습니다. 육아에 헌법 제13조의 이념이 적용되지 않은 것입니다. 이런 아이들은 자신을 사랑하고 신뢰하는 마음을 잃어버리게 됩니다. 자기신뢰감이 결여되어 자신을 수용하고 긍정할 수 없는 아이들은 타인이 자신을 어떻게 보는지 무척 신경 쓰게 됩니다. 있는 그대로 'OK'라고 말하는 것이 아니라 타인으로부터 'OK'라는 말을 들을 때 비로소 안심하는 것입니다.

언뜻 명랑하게 행동하는 것 같지만, 내심은 이상할 정도로 타인에게 신경 쓰고, 남에게 주눅 들기 쉬운 아이가 많은 배경에는 반드시 이런 문제가 숨어 있습니다. 이는 《흔들려도 넘어가는 사춘기의 고비》에서 제가 언급한 내용입니다.

자신에 대한 신뢰라는 면에 중점을 두어, '있는 그대로 괜찮다'는 감각을 자기신뢰감이라 부른 것입니다. 저는 이렇듯 자기신뢰감이 결여된 아이들이 결국에는 '뭔가 잘못되어 있다'고 느끼면서도 그 문제를 입 밖으로 내지 못하고, 조직과 집단의 분위기에 휩쓸려 버리는 어른이 되는게 아닐까 우려하고 있습니다. 이것이 이 책을 관통하는 문제의식이라 밝혀 두고 싶습니다.

'잃어버린 20년'을 거친 뒤의 변화

그런데, 《흔들려도 넘어가는 사춘기의 고비》 출간 이후 '잃어버린 20년'이라 부를 만큼 아이들과 청년들의 삶을 둘러싼 상황이 크게 변했습니다. '자기부정감'에 사로잡힌 아이들과 청년들이 엄청나게 늘어나면서 문제를 다루는 저의 방식에도 미세한 변화가 일어났습니다. 그에 따라 '있는 그대로 괜찮다'는 의미를 담은 말도 '자기긍정감'으로 부르게 되었습니다.

'자기신뢰감'이라는 말을 만들어냈던 당시에는 사춘기의 아이들이 '제2의 탄생'을 맞아 부모에게서 벗어나 인생의 주인공으로 자립하는 적극적인 면을 지지해 주려는 마음에서 '있는 그대로 괜찮다'는 의미를 사용했습니다.

하지만, 그 뒤 '잃어버린 20년'이라 불리는 우리 사회의 커다란 변동 속에서 아이들과 청년들이 놓인 상황이 극단적으로 변화했습니다. 자립은커녕 도구처럼 쓰고 버려지는 엄혹한 상황이 사회 깊숙이 침투함은 물론 그 영향이 교육과 육아에까지 파급되어 아이들에 대한 평가와 부정적이고도 '위협적인 시선'이 강해졌습니다. 그 결과, 아이들과 청년들의 마음은 평가에 얽매이게 되었고, 평가에 따라 자신의 존재 자체를 부정하는 경향도 강해졌습니다.

여기에 '내가 여기서 살아가도, 존재해도 되겠구나' 하는 안심이 있을 턱이 없습니다. 이런 상황에 대응해 '존재 수준에서 자신을 긍정'하는 이유에 '있는 그대로 괜찮다'는 말을 담아내게 된 것입니다. '자기신뢰감'이 '자기긍정감'으로 바뀐 데에는 이러한 경위가 있습니다.

2. 자기신뢰감에서 자기긍정감으로의 발전

'인생의 계절' 변화

《흔들려도 넘어가는 사춘기의 고비》를 썼을 당시 저는 47세였습니다. 대학에 있으면서 여러 가지 일을 했죠. 보통 사람들이 80년 정도 산다고 가정해 포물선을 그려 보면 이미 그 정점을 좀 지났을 무렵이었습니다. 물론 정점을 지났다고 해도 아직 한창 바쁘게 지내던 '인생의 여름'이었지만요. 그 무렵 제 아이들은 1973년에 태어난 장남이

18살, 작은아들이 15살, 그리고 막내딸이 10살이었습니다. 조금씩 차이는 있지만 거의 사춘기를 전후해 '자립의 고비'를 넘어가는 시기였습니다.

자연과학이라면 연구자가 놓인 상황에 따라 자연을 보는 눈까지 달라질 일은 없겠죠. 연구 주체가 누구든 일정한 접근 방식을 취하면 대상은 똑같이 보일 테니 말입니다. 연구 주체와 대상인 자연과의 관계성 등은 문제가 되지 않으니까요. 따라서 자연과학의 개념은 엄밀히 정의되고 쉽게 바뀔 일이 없습니다.

하지만, 인간을 상대로 한 실천이나 연구는 그렇지 않습니다. 시대의 흐름에 따라 상대도, 자기 자신도 바뀌니까요. 제가 어떤 시점에서 상대와 마주하는가에 따라 상대가 보여 주는 모습들 또한 달라지고요. 제 연령과 처해 있는 상황, 아이들의 연령과 상황, 그 영향에 따라 시점·관심이 놓이는 지점, 상대가 보여 주는 모습 등 모두 바뀌는 것입니다.

그런 까닭에, 말이나 개념도 자연과학처럼 '불변'이 아니지요. 제가 그 무렵 '있는 그대로 괜찮다'는 말에 담았던 의미에도 저 자신의 연령이나 제 아이들의 연령에서 영향을 받아 주체로서 자립할 수 있도록 지지해 주는 거점이라는 뉘앙스에 강세를 두었습니다. 물론, 그 모든 것들을 지금만큼 확실하게 자각하고 있었을 리는 없겠지만.

'정말로 느낀 것'으로부터의 출발을 지지하는 자기신뢰감

내가 정말로 느낀 것, 진실하게 마음을 움직인 것에서부터 출발하지 않는다면 개인으로서의 인간적인 자립은 불가능합니다. 저는 그것을 내면적으로 뒷받침해 주는, '있는 그대로 괜찮다'는 자기신뢰감의 중요함을 역설했습니다. 당시 제 머릿속에 있던 것은 요시노 겐자부로吉野源三郎[5]가《그대들, 어떻게 살 것인가君たちはどう生きるか》라는 명저에 등장하는 아저씨의 입을 통해 코페르Koper 군에게 했던 다음과 같은 말이었습니다.

우선 중요한 건 언제라도 자신이 정말로 느낀 것이나 진

---

5 일본의 출판인이자 작가, 평론가, 반전 운동가(1899~1981). 동 세대를 대표하는 진보적 지식인으로 유명했다. ―옮긴이

손!

난 이런 것도
할 줄 아는데~
넌 못하냥~??

뭣이 중헌디~
털실이나 갖고 놀래~

실하게 마음이 움직였던 것으로부터 출발해 그 의미를 생각하는 것이네. 자네가 뭔가를 절실하게 느끼거나 마음 깊은 곳으로부터 생각했던 것을 조금이라도 소홀히 여겨선 안 될 것이야. (중략) 혹시라도 자네가 학교에서 이렇게 배웠으니 세상에서도 그것이 대단하게 통용될 거로 생각하면서 들은 대로만 행동하고, 배운 대로만 살아가려 한다면 - 코페르 군, 들어 보게 - 그러면 자네는 언제까지나 제구실을 하는 사람이 될 수 없을 거네. (중략) 세상에는 타인의 눈에 대단하게 보이기 위해 행동하는 사람이 엄청나게 많아. 그런 사람은 그 어떤 것보다 자신이 남의 눈에 어떻게 비칠지를 신경 쓰게 되어 진정한 자신, 있는 그대로의 자신이 어떤 사람인지조차 잊게 되지. 나는 자네가 그런 사람이 되지 않았으면 한다네.

이 작품은 일본이 군국주의에 경도되고 있던 1937년 출판되었습니다. 루거우차오盧溝橋 사건[6]으로 중일전쟁이 시작된 해였지요. 이런 시기에 요시노 겐자부로 씨가 당시의 청년들에게 해주었던 말을 오늘날의 청년들에게 그대로 전하고 싶었습니다. 이런 생각을 배경으로 저는 '있는 그대로 괜찮다'는 '자기신뢰감'이라는 단어를 제창했던 겁니다.

3. 당신 탓이 아니니, 안심하세요

임상 심리 현장에서 만난 사람들

자기긍정감이 왜 중요한가에 관해 정리된 형태로 논한 책이 몇 권 있습니다. 그중 하나가 1999년 2월 출간한 《마음의 구명튜브를 찾는 법 – 아이를 살리는 심리학の구명튜브のさがし方 子ども再生の心理学》[7]입니다. '있는 그대로 괜찮다'는 자기긍정감을 가질 때에야 스스로 생각하고 스스로 느낀 것을 신뢰하고, 그것에 의거한 인생을 선택할 수 있다. 하지만, 타인에 의해 올라탄 인생의 레일 위에서 타인의 말에 휘둘리며 산다면 이런 것들은 필요가 없다. 자신의 인생을 스

---

6   1937년 7월 7일 밤, 베이징 교외의 루거우차오에서 야간연습을 하고 있던 일본군이 중국군과 충돌한 사건. –옮긴이

7   카시와쇼보柏書房에서 출간.

스로 살아가려 할 때에야 비로소 필요해지는 것들이기 때문이다. 그런 배경에서 이 문제가 중요하게 부각되고 있다고 이야기했습니다.

'지금 이대로 괜찮다'는 말은 제 임상 경험 속에서 태어난 말입니다. 카운슬링으로 만난 사람들 가운데는 쉽게 이해할 수 없는 감성 체계나 세상을 사는 방식을 가진 분들도 계셨기에 일부를 소개하겠습니다. 예컨대, 저는 다음과 같은 이야기를 들은 적이 있습니다.

'어두운 곳에서 뒤의 발소리가 들려오면 나에게 뭔가 위해가 가해지는 것 아닌지 생명의 위험을 느낀다. 이런 마음이 내 일상적 심리 상태다', '나는 늘 남들에게 맞춰 주기만 한다. 항상 이런 식이다. 굳이 맞춰 주지 않더라도 남들이 받아들여 주는 부분이 있을 것이라는 생각은 추측에 불과하며, 정작 내가 경험하는 세계는 맞춰 주지 않으면 거부당해 나 자신이 사라질 수도 있는 공포의 세계다. 맞춰 주지 않아도 받아들여질 수 있는 부분이 있다니 믿을 수가 없다', '추궁하듯 쏘아붙이는 말을 들으면 공격당하고 있다는 느낌이 들어 불안해진다. 비판적인 이야기를 듣더라도 나의 인격이 부정당하는 게 아니라 어떤 부분은 이렇게 해 보면 좋겠다는 의미로 받아들일 수 있다면, 나는 안 된다거나 모든 것을 부정당한다는 느낌을 받지 않을 텐데 그게 잘 안 된다. 뭔가 비판받으면 내 모든 것이 부정당하는 느낌이 들기 때문이다.'

존재 수준의 불안

제가 상담했던 이들 가운데 앞서 언급한 것과 같은 감성 체계를 가진 사람이 적지 않았습니다. 이런 사람들이 느끼는 것은 무엇보다도 '존재 수준'에서의 안심감 결여입니다. 세계는 위협으로 가득 차 있으며, 그들은 늘 겁에 질려 있습니다. 주변에 '있는 그대로'의 자신을 보여주더라도 받아들여질 수 있으리라는 신뢰가 없습니다. 자신의 존재와 관련해 어떤 '부담감'이나 '죄책감'에 휩싸여 타인의 기대에 맞춤으로써 어떻게든 자신의 설 자리를 확보해 존재를 인정받아야 한다고 느낍니다. 또 마음대로 'No!'라고 말하지 못합니다. 대수롭지 않은 일로 자신이 공격당하고 부정당한다는 느낌을 받기 때문입니다.

이런 특징은 '있는 그대로 괜찮다'는 안심감과 신뢰가 없는 데서 비롯된다고 느꼈습니다. 이를 후에 자기긍정감이라 부르며 '인생의 구명튜브'에 비유하게 되었고요. 이 자기긍정감이라는 측면에서 오늘날의 아이들과 청년들을 보면, 앞서 든 예와 대단히 비슷하게 세상을 사는 경우가 무척 많습니다. '있는 그대로 괜찮다'는 안심감과 신뢰가 있으면 자신을 자유롭게 표현하고 명확하게 내세울 수 있습니다. 그러나 이것이 없으면 자유롭게 생각하지 못하고, 느낀 것을 표현할 수 없게 됩니다. 저는 많은 아이와 청년이 이런 상태에 놓여 있는 것을 목도했습니다.

'있는 그대로의 자신'이 받아들여질 수 있다는 안심감과 신뢰가 결여된 나머지 스스로 생각하거나 느낀 것을 '있는 그대로' 표현하면 뭔가 잘못되지 않을까, 자신의 설 자리를 잃어버리지 않을까 두려워하는 겁니다. 그 '뭔가'는, 이를테면 자신의 가정, 자신이 속한 곳의 평화, 친구 관계, 집단의 분위기, 혹은 착한 아이로서의 자기 이미지 등이겠지요.

어린 마음에 부모님의 불화를 알아차리고 필사적으로

바람따라~
구름따라~
츄르따라~

릴렉스냥~

'착한 아이'가 되어 부모님을 기쁘게 해서 관계를 회복시
킴으로써 붕괴된 가정을 지키려 노력하는 아이들이 있습
니다. 주변의 기대에 부응해 '착한 아이'로서의 노력을 기
울여 자신의 존재를 인정받으려는 아이들도 있죠. '있는
그대로 괜찮다'고 나 자체로 인정받으며 따뜻함과 안심감
을 느낄 수 있는 장(場)이 부재한 가운데 작은 성냥불로 추
위를 녹이려던 성냥팔이 소녀처럼 타인의 'OK'로 순간의
안심감을 얻어 보려 발버둥치는 '착한 아이'가 너무나 많습
니다.

자기를 탓하는 아이들과 청년들

현재 우리 아이 중 대다수가 자신의 삶이 힘겹고 괴로
운 것은 '세상에서 뒤처진 내 탓'이라 여기고 있습니다. 이
사실을 생각하면 저는 '요즘 아이들은 뭐든 사회 탓, 남
탓을 한다'는 말을 조금도 지지할 수가 없습니다. 적어도
좌절하고 괴로워하는 아이 중에 그런 아이는 없습니다.
만에 하나 겉으로 그렇게 보이거나 그런 특징을 보이는 젊
은이가 있다 하더라도, 뭐든 자기 탓을 하는 것에 대한 부

담감이나 괴로움을 거꾸로 표현하고 있는 것 아닐까 합니다. 마치 동전의 양면처럼요.

자신의 괴로움을 세상에서 뒤처진 '모자란 나'의 탓으로 돌리기는 하지만, 이것을 남들 앞에서 표출하는 데에는 부담을 느낍니다. 그렇다 보니 괴로움이 해소되지 못하고 자기 안에 쌓이는 거죠. 하지만, 끝내 한계에 부딪혀 괴로움이 분출되는 순간이 옵니다. 이런 상황은 아이들이 안심하며 있는 그대로 자신을 내보일 수 있는 인간관계의 부재를 반증합니다.

특히 괴로움을 공유하고 함께 고민하는 사려 깊은 인간관계의 결여를 보여 주지요. '있는 그대로 괜찮다'는 자기 긍정감을 갖지 못하는 건 이런 상황 때문입니다. 우리는 이 점을 명확히 하고 아이들을 둘러싼 인간관계의 상태에 주의를 기울이면서 그 배경에 자리 잡고 있는 경쟁이 지배하는 사회 구조에 눈을 돌려야 할 것입니다.

4. "아주 좋아" 대신 "이 정도면 충분해"

인권교육과 자기긍정감

조금 학문적이기는 하지만 《지금, 인권교육을 묻는다
また人権教育を問う》[8] 제3장 '자기긍정감 기르기 – 그 의미와 의의'
를 보면, 제가 말하는 자기긍정감과 셀프 에스팀[9], 그 밖
의 비슷한 개념들 사이의 겹치는 부분과 다른 점 등이 정
리되어 있습니다. 책은 모두에서 셀프 에스팀의 관계를 다
루고, 인권 교육을 표방하는 사람들 사이에 인권의 기초
적인 힘으로써 셀프 에스팀이라는 개념이 키워드가 되어
있으며, 자신을 소중히 여기지 않으면 타인을 소중히 여기
는 마음도 생기지 않는다는 견해가 있다고 소개합니다.

인권교육에서는 체험형 참여 학습에 의해 셀프 에스팀

8 야기 히데지八木英二·우메다 오사무梅田修 엮음, 오츠기쇼텐大月書店, 1999.

9 한국의 《심리학사전》은 'self-esteem'을 '자아 존중감'으로 번역하고, '자아 개념의
   평가적인 측면으로 자신의 가치에 대한 판단과 그러한 판단과 관련된 감정'이라 정
   의한다. 그러나 이 책의 저자는 self-esteem을 '아직 완결되지 않은, 열린 의미'로
   파악하고 있다. 중의적으로 받아들여질 수 있는 영어 독음을 그대로 사용한 것도
   그런 이유에서다. —옮긴이

을 높이려는 시도가 이루어지기도 했습니다. 또한, 이 셀프 에스팀이라는 말이 '자기긍정감'으로 번역돼 사용되는 예도 많습니다. 하지만, 제가 말하는 자기긍정감은 셀프 에스팀을 번역한 개념이 아닙니다.

또한, 그 시절 이미 자기긍정감이라는 단어가 걸음마를 시작해 그 의미와 용법에 혼란이 일어나고 있었던 까닭에 저로서는 일단 이것을 정리해 두고 싶은 의도도 있었습니다. 다만, 정리를 진행하던 당시 어떤 것이 자기긍정감이나 셀프 에스팀의 올바른 정의인가 같은 자의字義상의 천착에 빠지지 않도록 오늘날 우리 사회를 살아가는 아이들의 현실에서 출발하고자 했습니다. 그 개념에 어떤 의미를 담아내는 것이 아이들의 문제와 깊은 관련성을 맺는 데 유효할까, 나아가 오늘날의 상황과 결부해 아이들에게 어떤 자질을 길러주는 것이 헌법과 교육기본법(초대)이 제시하는 인간상 구현에 중요할 것인가 하는 관점에서 이 문제를 생각해 보고 싶다는 취지였습니다.

등교거부에서 보이는 아이들의 특징

저는 임상심리사의 시각에서 아이들의 현실과 마주해 왔습니다. 등교거부를 하는 아이들의 경우 각기 처한 상황이나 문제가 무척 다양하므로 일률적으로 말할 수는 없지만, 대체로 자신의 주장을 표출하면서 세상과 맞서지 못하는 경우가 많습니다. 한편, 학교에서는 명랑한 분위기로 친구들과 붙임성 있게 지내는 것처럼 보여 '늘 밝고 친구들과 사이도 좋았는데 왜 학교에 오지 않게 된 걸까?' 하고 교사들이 이상하게 여기는 아이도 적지 않습니다.

그러나 막상 내면을 살펴보면 사람들 앞에서는 즐거운 듯 행동하더라도 내심 주변을 신경 쓰고 타인의 눈을 의식하는 모습이 드러납니다. 겉으로나마 밝게 행동해 어떻게든 설 자리를 확보하려는 것일 뿐이죠. 그렇게 신경을 곤두세우다 녹초가 되어 버립니다. 학교 집단의 인간관계에서 '어두운 아이'가 종종 미움받고 따돌림당하는 현실을 생각할 때 아이들의 이런 우려도 이해되지 않는 것은 아닙니다. 하지만, 그런 우려나 불안이 상당한 수준으로 증폭되어 있다는 점을 고려하면, 아이들 내면에 자리 잡은 문제가 무척 심각하게 느껴지는 것도 사실입니다. 바로 제가 말하는 '있는 그대로 괜찮다'는 자기긍정감이 희박한 경우에 해당하기 때문입니다.

자기 평가의 감정으로서의
셀프 에스팀

셀프 에스팀은 일본어로는 종종 '자존 감정', '자부심', '자기긍정감' 등으로 번역되며, 심리학에서는 '자기 평가의 감정'으로 파악됐습니다. '내가 가치 있고 존중받아야 할 뛰어난 인간'이라는 감정 말이지요. 많은 심리학자가 이 개념을 둘러싼 연구와 논의를 진행했지만, 아직도 그 개념 정의와 관련해 충분한 합의를 얻어 내지 못하고 있습니다.

이런 상황에서 어떤 연구자들은[10] '자존 감정'을 '자기 개념에 포함된 정보의 평가이자 자기에 대한 감정'이라든가, '사람이 가지고 있는 자존심 self-respect과 자기수용 self-acceptance 등이 포함된 자기 자신에 대한 감성 체계를 가리

....

10 엔도 타츠오遠藤辰雄 외, 《셀프 에스팀의 심리학セルフ・エスティームの心理学》, 나카니시야슛판ナカニシヤ出版,, 1992.

킨다' 등의 정의를 시도하고 있습니다.

셀프 에스팀이 자신을 어떻게 생각할까에 관한 평가라고 할 때, 그 평가 기준으로 두 가지를 생각해 볼 수 있습니다. 자신에 대해 '아주 좋다(very good)'고 생각하는 입장과 '이 정도면 됐다(good enough)'고 생각하는 입장이 그것입니다.[11] 전자는 우월성·완전성의 감정으로 타인보다 뛰어나다, 또는 타인에게 뛰어나게 비친다(외적·사회적 기준)고 생각하는 입장입니다. 후자는 가령 평균적인 인간이라 할지라도 자신이 설정한 가치 기준에 비추어 자신을 수용하고 호의를 가지며, 자신을 존중한다는 입장입니다(개인의 내재적 기준). 즉, 어떤 기준에 비추어 보더라도 셀프 에스팀이 자신의 능력이나 특성에 관해 만족이나 불만족 평가의 의미를 담고 있다는 점은 달라지지 않습니다.

셀프 에스팀이 낮은 아이들

저는 이 책의 앞부분에서 국제 비교 결과를 살펴볼 때

---

11 미국의 사회학자 로젠버그Morris Rosenberg(1922~1992)의 분류.

'우리 아이들이 자신감이 없으며, 자신에 대한 긍지가 없다' 즉, '자기긍정감이 낮다'는 현실을 지적했습니다. 이와 관련해 실제로 수학이나 자연과학 시험의 경우 어떤 조사에서도 상위권 성적임에도 불구하고 '공부는 잘해요?', '성적은 어느 정도인가요?'라는 질문에 긍정적인 대답이 현저히 적다는 사실도 밝혀진 바 있습니다.

교육사회학자 쿠도미 요시유키久富善之 씨는 그 이유가 '자기 평가가 타자와의 상대 평가와 묶여 있기 때문'이라며 그렇기에 우리 아이들과 청년들이 자신의 역량을 실감하지 못한다, 게다가 이 나라의 경쟁 시스템은 최고 수준의 극소수를 제외한 나머지에 '너는 뒤처진 인간이다'라는 부정적인 메시지를 강하게 던져 준다고 지적합니다.

조사 결과의 해석과 관련해서는 응답 태도에 반영된 국민성[12]의 차이도 고려해야겠지만, 오늘날 우리 아이들이 처한 상황을 생각하면 쿠도미 씨의 지적은 타당한 면이 있습니다. 이렇듯 '상대 비교'에 묶여 있는 탓에 자기 평가가

---

12 국민성에 대해서는 다양한 견해가 있겠으나 이 책에서는 대략 '한 국가의 성원에게 공통되는 인성 및 행동 양식' 정도의 철학적 의미로 사용된 것으로 보인다. ―옮긴이

낮은 것을 가리켜 자신=셀프 에스팀이 없다든가, 자기긍정감이 낮다고 하는 것입니다. 이는 외적·사회적 기준에 따라 '아주 좋음'을 추구할 것을 강요당하고, 이 수준에 미치지 못할 경우 셀프 에스팀을 갖지 못할 뿐만 아니라 개인의 내재적 기준에 따른 '이 정도면 됐다'는 의미의 셀프 에스팀조차 갖지 못하게 되는 현실을 보여줍니다.

셀프 에스팀을 둘러싼 견해들

국제 비교 조사의 결과는 일본 아이들이 '상대 비교'에 묶여 자신을 '아주 좋다'고 평가할 수 없고, 그런 이유로 결국 자신감이 없다는 사실을 보여주는 것에 불과합니다. 이런 현실을 가리켜 우리 아이들의 자기긍정감(셀프 에스팀)이 낮다고 표현하는 것입니다. 하지만, 이 경우에 쓰이는 자기긍정감은 제가 이야기하는 자기긍정감과는 전혀 다르다는 점을 또한 지적하지 않을 수 없습니다.

아울러 성적이 우수해도 자기긍정감이 부족한 사람이 적지 않습니다. 로젠버그가 말하는 셀프 에스팀은 자신이 설정한 가치 기준에 비추어 자신을 인정하고, 자신에 관해

호의를 가지며 존중하는 것입니다. 여기에 타자와의 비교를 통한 우월성이나 완전성은 포함되지 않습니다.

그 밖에 셀프 에스팀에 관해 논한 사람으로 브랜든[Nathaniel Branden] [13]을 들 수 있는데, 그가 말하는 셀프 에스팀도 타자와의 비교나 사회적 기준에 비추어 자기를 평가하는 것은 아닙니다. 브랜든은 외적 기준에 근거한 셀프 에스팀의 추구란 진정한 셀프 에스팀의 결여를 보여주는 것이라고 주장합니다. 오히려 입장이 더욱 명확하지요. 셀프 에스팀이 부족한 사람이 자신의 가치를 증명하려고 일에만 매달려 워커홀릭이 되거나, 실적을 올려 타인에게 인정받는 일은 얼마든지 있습니다. 하지만, 그런 사람은 '이 정도면 됐다'는 느낌을 결코 받을 수 없습니다.

저도 그런 사람들을 숱하게 만나 보았습니다. 대단히 우수한 인재로서 주변의 기대 속에 발탁되었지만, 늘 자신감이 없고 자기긍정감 또한 갖지 못한 사람들이었습니다. 그런 사람들은 '있는 그대로 괜찮다'는 자기긍정감을 가지

---

13 캐나다의 심리학자(1933~).

고 있지 못한 까닭에 다른 사람들의 기대에 부응해 유능함을 발휘하고 인정받음으로써 자신을 긍정하며 안심하려 합니다.

하지만, 과제를 달성하고 실적을 올리더라도 진정한 만족이나 기쁨을 느낄 수 없습니다. '휴, 어찌어찌 넘겼구나'하며 아주 잠깐 안심할 뿐입니다. 타인의 평가도 진정한 자신감으로 이어지지 않습니다. 그간 임상 심리 현장에서나 볼 수 있다고 생각했던 이런 사람들이 오늘날 우리 사회에 헤아리기 힘들 정도로 많은 것 같습니다. 제가 '성냥팔이 소녀'에 비유한 사람들 말이죠.

그런 점에서 브랜든의 견해는 무척 이해하기 쉽습니다. 이 부분에 국한해 말하면, 제가 이야기하는 자기긍정감은 이 견해와 가깝다고도 볼 수 있습니다.

서구의 셀프 에스팀과 '있는 그대로 괜찮다'의 차이

또한, 브랜든은 진정한 셀프 에스팀은 사실을 토대로 해야 한다며, 그저 '나는 괜찮다'는 느낌이 아니라, 실제로 그렇지 않음에도 불구하고 '나는 잘하고 있다'고 여기는 경향이 미국 아이들에게 있음을 비판했습니다. 이것이 당시 유행하던 '셀프 에스팀 교육'의 결과라는 것입니다.

즉, 현실·사실을 속이면서 자기기만적으로 '나는 OK'라는 생각을 주입하는 교육은 본래의 셀프 에스팀을 높여주는 교육이 아닙니다.[14] 브랜든의 지적은 뒤에서도 다루게 될 미국 사회의 나르시시즘 유행과 무관하지 않으며, 제가 말하는 자기긍정감의 수용 방식과도 닮은 점이 있습니다.

브랜든이 말하는 미국 아이들의 (자신을 과대평가하는) 경향은, 반대이기는 하지만 자기를 과소평가하는 경향이 있고 타인의 눈과 평가에 신경 쓰며 자신의 감성 체계나 사고방식에 자신이 없는 일본 아이들의 상황을 비추어 볼 때, 오히려 자신의 마음으로 느끼고, 자신의 머리로 생각한 것을 신뢰하며, 이에 따라 자신의 인생을 선택하는 일을 내면으로 지지해 주는 '있는 그대로 괜찮다'는 자기신뢰

---

14 너새니얼 브랜든 지음, 데즈카 이쿠에手塚郁惠 옮김, 《자신은 인생의 열쇠The power of self-esteem: 自信は人生のカギ》, 슌쥬샤春秋社, 1994.

감(자기긍정감)의 중요성을 설명하기 때문입니다.

하지만, 브랜든의 셀프 에스팀은 '나는 살아갈 가치가 있고, 인생의 과제를 해결해 나갈 수 있다는 것에 대한 실감'이며, 구체적으로는 "내 인생에서 일어나는 여러 가지 일들을 생각하고 그에 대처할 수 있는 능력을 갖추고 있다는 '자기 유능감自己有能感'. 나는 행복해질 만한 가치가 있고, 이러한 자신의 가치를 실감하며 자신의 요구를 주장해 원하는 것을 손에 넣어 노력의 성과를 누리려 하는 '자기 존중감'으로 구성된다"고 정의되지요. 역시 제가 주장하는 자기긍정감과는 미묘하게 다르다는 인상을 지울 수 없습니다.

뒤에서 이 부분을 좀 더 다루겠지만, 그와 관련해서 서구식 개념인 '셀프 에스팀'에 따라다니는 뉘앙스를 오늘의 사회 현실에 비추어 보고, 같은 맥락에서 신자유주의적 경쟁이나 자기 책임론의 흐름에 대해 어떻게 다른 태도를 보이는지 등을 살펴보고자 합니다.

3장

자기긍정감과 자기애,
그리고 자신을 사랑하는 마음

1. 찰나의 온기를 갈구하는 성냥팔이 소녀들

being과 doing

'있는 그대로 괜찮다'는 자기긍정감은 자신의 존재가 무조건 수용되고, 사랑받을 수 있는 관계를 통해 확보됩니다. 그 안심감이 '인생의 구명튜브'라고 저는 말한 바 있습니다. 자신의 '존재(being)'가 무조건 수용되고 사랑받은 경험이 없으면, 자신의 자리에서 뭔가 쓸모 있는 일을 '하는(doing)' 것으로 인정받고, 사랑받아야 한다고 생각하게 되죠.

조건 없이 자신의 존재가 수용되고, 사랑받았던 사람은 무조건 '그곳에 있어도 좋다'고 마음을 놓습니다. 그러나 그런 안심이 결여된 사람은 마음속 깊이 그곳에 있을 가치가 있는 인간이 되어야 하고, 그런 인간이 되기 위한 일을 함으로써 존재 가치를 증명하지 않으면 '그곳에 있을 수 없게' 될지 모른다는 부담을 갖게 됩니다. 따라서 이런 사람은 그곳에 있을 자격을 얻을 만한 역할을 다했다는 생각이 들 때 비로소 아주 잠깐의 안심감을 느끼게 됩니다. 6장에서 다룰 테지만, 오늘날 청년들이 자신이 속한 집단에서 '캐릭터'를 연기함으로써 설 자리를 얻어 내는 일도 아마도 같은 맥락에 있을 것으로 이해됩니다.

열심히 '하는' 것으로
'설 자리'를 확보한다

'무조건 안심'해 본 사람일지라도 '나는 별로 쓸모가 없다'라든가 '성적이 나쁘다'며 부끄러움이나 부담감을 느꼈던 기억이 있을 겁니다. 그렇다 하더라도 '이곳에 있을 수 없다'는 식으로 존재의 가치 자체가 위협받아 이러지도 저러지도 못할 정도의 공포와 패닉에 빠질 일은 없습니다.

'있는 그대로 괜찮다'는 자기긍정감(안심감)이 결여된 사람의 경우 경쟁 사회에서 유난히 노력하는 모습을 보입니다. 늘 타인과 자신을 비교하고 주변 사람들보다 자신이 뛰어나거나, 최소한 남들 정도는 뭔가 해내고 있다는 생각이 들지 않으면 안심감을 확보할 수 없기 때문입니다.

하지만, 자신이 남들보다 뒤떨어지는 것 아닐까 하며 자신감을 잃으면, 이내 나는 여기 있을 자격이 없지 않나 하는 불안과 공포에 휩싸이게 됩니다. 제가 카운슬러로서 만난 사람 중에도 그런 사람이 무척 많았습니다. 아무래도 오늘날 우리 사회엔 그런 사람들이 많아지고 있다는 생각이 듭니다.

엄혹한 세상을 살아가는
성냥팔이 소녀들

저는 그런 사람들을 안데르센Hans Christian Andersen(1805~1875) 동화의 주인공 '성냥팔이 소녀'에 비유했습니다. 성냥팔이 소녀는 눈 내리는 추운 밤 몸을 녹일 방법이 없습니다. 어쩔 수 없이 자신이 팔던 성냥을 켜 작은 불을 피워 빛과 온기를 얻으려 합니다. 하지만, 성냥불은 아주 짧은 시간 동안 피어오를 뿐입니다. 그렇게 성냥불이 꺼지면, 다음

성냥을 켜 불을 쬐어야만 합니다.

인생을 '경쟁의 레이스'로 보는 경쟁 사회의 삶 속에서 언제나 열심히 달리지 않으면 안심할 수 없는 사람의 모습이 제 눈에는 성냥팔이 소녀와 겹쳐 보입니다. 마지막 성냥불이 꺼지면 더 이상 불을 쬐지 못하게 된 소녀는 추위 속에서 목숨을 잃고 말지요.

이 '경쟁의 레이스' 같은 세상에서 쉬지 않고 열심히 달려가는 사람들은, 계속 성냥불을 켜서(계속 인정을 갈구함으로써) 겨우 작은 빛과 조금의 온기를 얻는 성냥팔이 소녀입니다. 그 짧은 순간 자신의 존재를 긍정하며 찰나의 안심감을 얻는 것입니다. 하지만, 힘이 다하면 성냥불이 꺼지듯 다시 추위와 외로움이 찾아옵니다. 생명의 위협과 맞닥뜨립니다. 그야말로 얼어붙을 것 같은 추위와 칠흑 같은 어둠에 홀로 남겨져 적막감과 공포감에 휩싸이는 것입니다. 저 같은 사람은 상상조차 못 할 정도입니다.

이런 사람들에게는 밝고 따뜻한 화롯가에서 몸을 녹일 수 있는 '홈home'이 부재합니다. 그러나 마음속에 그런 '홈'을 가지고 있는 사람들은 성냥불을 켜 찰나의 빛과 온기

를 얻지 않아도 어둠을 몰아내는 밝은 불빛 속에서 몸을 녹이며 보호받을 수 있습니다. 이것이 제가 말하는 '있는 그대로 괜찮다'는 자기긍정감입니다.

오늘날의 우리 사회는 결코 아이들과 청년들에게 상냥한 사회가 아닙니다. 아이들을 사회의 수요에 따른 인력으로 키우고 청년들을 쓰고 버립니다. 진정 자립적인 어른으로 길러내려는 사랑이 결여된 사회처럼 보입니다. 사랑을 베풀 줄 모르는 사회는 성숙한 어른들의 사회라 할 수 없습니다. 아귀餓鬼들의 사회라고 하는 게 적절하겠죠.

이런 사회다 보니 어른들 또한 완전히 어른이 되지 못하는지도 모르겠습니다. 만약 '그래서 이 험한 사회를 살 수 있겠나, 정신 똑바로 차려야지'라며 집에서조차 혹독함을 요구하는 아버지가 있다면, 그는 엄청난 실수를 하는 것입니다. 찬바람이 휘몰아치는 세상에 아이를 내놓으면서 집 안에서조차 얼음으로 가득 찬 욕조로 아이들을 밀어 넣으면 어떻게 합니까. 추위를 녹여 주는 것이 아니라 찬바람이 몰아치는 세상으로 쫓아내면 아이는 결국 폐렴에 걸리고 말 겁니다. 심하면 추위에 목숨을 잃을 수도 있겠죠.

2. 다른 사람과 나를 바꾸고 싶지는 않다

사춘기는 어떤 시기일까?

'있는 그대로 괜찮다'는 자기긍정감의 감각은 '나를 사랑하는' 것과 거의 같은 의미입니다. 그리고 자신을 사랑하는 것은 자기 자신을 미워하거나 거부하지 않고 자기 자신을 받아들이며 살아가는 것입니다. 이런 이야기를 사춘기의 한가운데에 있는 중학생들에게 직접 전했던 귀중한 경험이 있습니다. 그때의 이야기를 소개하겠습니다.

몇 년 전이었습니다. 한 중학교 교장 선생님으로부터 아이들이 진로를 생각하는 데 참고할만한 전문가로서의 경험을 들려 달라는 의뢰를 받았습니다. 이야기를 들었을 때만 해도 대부분 대학생 대상이던 제 이야기가 과연 중학생에게 통할까 하는 불안감이 컸습니다. 하지만, 워낙 친한 교장 선생님의 부탁이었기 때문에 승낙했습니다.

강연 당일, 교장실에서 안내를 받는데 교감 선생님이 '우리 아이 중에 장난이 심한 녀석도 있다 보니 떠들거나 말씀을 제대로 듣지 않을지도 모르겠습니다. 혹시 그렇더라도 용서해 주십시오'라며 미리 선을 긋더군요. '거, 너무 겁주시네' 하는 생각이 들었지만, 꾹 참고 강연장인 강당에 들어섰습니다. 쭉 늘어놓은 의자에 중학교 3학년생들이 줄줄이 앉아 있었습니다. 맨 앞줄에는 여학생들이 자리 잡았고, 다들 얌전한 표정이었습니다.

저는 원고를 거의 준비하지 않고 강연을 진행했는데, 대략 이런 인사로 운을 떼었습니다. "저는 임상심리학 전문이고 대학에서 학생들을 가르치며 병원 정신과에서 오랫동안 카운슬링을 해 왔습니다. 주로 여러분 또래인 청소년 문제에도 관심이 있어서 중고생들 상담도 많이 했지요. 그래서 오늘은 사춘기에 대한 이야기를 해 보겠습니다."

그리고 천천히 맨 앞줄 여학생에게 다가가 몸을 숙이고 마이크를 들이댔습니다. "안녕하세요. 질문 하나 해 볼게요. 사춘기는 어떤 시기일까요?" "……" 수염투성이 아저씨가 갑자기 마이크를 들이대며 질문을 던지자 가엾게도 여학생은 아무 말도 하지 못했습니다. 주변에 있던 친구들에게도 같은 질문을 했지만, 마찬가지로 아무 말 없이 얼굴만 붉힐 뿐이었습니다. 난처하더라고요. 자, 어떻게 하지?

사춘기는 야해지는 시기야

뒤쪽을 둘러보는데 장난기 있어 보이는 남자아이가 눈에 띄더군요. 저는 그대로 마이크를 들고 아이들 안으로 들어가 "안녕하세요. 학생은 사춘기가 어떤 시기라고 생각해요?"라는 질문을 던졌습니다. 그러자 아이는 말이 떨어지기 무섭게 "야해지는 시기죠!"라고 씩씩하게 대답해 주었습니다. 그런 대답이 돌아올 줄은 전혀 예상 못했습니다. 그렇지만, 한편으로는 하늘에서 번쩍하고 한 줄기 빛이 떨어져 내려오는 느낌이었습니다.

"그렇지! 바로 야해지는 시기야!" 하며 저도 아무 생각하지 않고 큰 목소리로 대답해 주었습니다. "그래, 성에 눈뜨는 시기니 야해진다고 할 수 있겠죠. 어려운 말로 '춘기발동기春機発動期'라고도 합니다. 지금까지 여러분은 그냥 꼬마일 뿐이었는데 이제부터 여자와 남자가 되어가는 거예요. 그러니까 이제부터 멋진 여자, 멋진 남자가 되는 게 여러분의 할 일입니다" 하며 저도 예기치 못한 말들이 술술

흘러나왔습니다.

"그런데, 멋진 여자란 어떤 여자인지 알고 있나요? 멋진 남자는 어떤 남자를 말하는지 알아요?" (어, 이런 질문을 해도 되나, 나는 대답할 준비가 되어 있나? 안 되어 있잖아? 에라, 상황에 맞춰 해보지 뭐!) "멋진 여자는 미인을 말하는 게 아니에요, 멋진 남자도 미남을 말하는 게 아니고. 멋진 여자, 멋진 남자라는 건, 진심으로 사람을 사랑할 수 있는 여자, 남자를 말하는 거죠." (이 순간 주변이 찬물을 끼얹은 듯 조용해진 느낌이 들었습니다.) 쉴 틈을 주지 않고 제가 물었습니다. "자 그럼, 사람을 사랑한다는 건 뭘까요?" ('뭐, 알긴 하려나' 하는 마음속 목소리)

생각할 시간을 벌기 위해 예전에 제가 상담했던 한 껄렁한 친구를 등장시켰습니다. "예전에 무척 껄렁한 친구를 상담했던 적이 있습니다. 어느 날 그 친구가 '선생님, 좋아하는 거랑 사랑하는 거랑 다르더라고요' 하더군요. 그래서 '허, 그런 걸 다 알아? 어떻게 다르던?' 하며 물었더니 이렇게 대답했습니다. '사랑한다는 건 상대방 입장을 헤아리는 일인 것 같아요. 그래서 아무리 보고 싶어도 참아야 할 때가 있고요. 그러니까 사랑한다는 건 괴로운 일이기도 하지 않을까요?'라고 말했습니다."

나를 사랑한다는 것

"그렇구나. 꼬마가 사랑을 알더니 남자가 되었구나 싶더군요." 이야기가 여기까지 진행되니 아이들이 전혀 떠들지 않았습니다. 숨을 죽이면서 진지한 눈으로 제 쪽을 쳐다보더군요. "제게도 너무나 사랑하는 사람이 있습니다. 그 사람에 대한 생각을 이야기하다 보면 사랑한다는 게 어떤 건지 너무나 잘 설명할 수 있겠더라고요. 들어보고 싶으세요?"라며 주위를 둘러보자 다들 몇 번이고 고개를 끄덕였습니다.

"그럼 부끄러움을 무릅쓰고 이야기해 보지요. 그 사랑하는 사람은 제 딸입니다. 그 아이에 대해 제가 갖는 마음은 첫째, 둘도 없이 소중하다는 겁니다. 물론, 세상에는 제 딸보다 예쁜 아이도, 똑똑한 아이도 많이 있겠지요. 하지만, 그런 아이들과 제 딸을 바꾸고 싶지 않습니다. 그 아이를 좋아하는 마음. 우선 이 한 가지가 있겠습니다. 그리고 두 번째가, 언제까지 함께할 수 있을지는 모르지만, 지금 딸아이와 함께 지내는 것이 너무나 기쁘고 감사하다는 겁니다. 이게 다른 한 가지죠. 이것이 딸을 사랑하는 제 마음입니다."

"그리고 또 한 가지 여러분께 말씀드리고 싶은 것이, 사람을 사랑할 수 있으려면 우선 '자신을 사랑'할 수 있어야 한다는 것입니다. 자신을 사랑한다는 것은 어떤 것일까요? 알고 계십니까? 지금 저는 딸을 사랑하는 두 가지 마음에 대해 말씀드렸습니다. 그 딸의 자리에 자신을 대입해 봐도 좋을 겁니다. 즉, 자신을 사랑한다는 것은, 자신이 둘도 없이 소중하다는 것, 나보다 두뇌가 뛰어난 사람도 많겠지만 그 사람과 나를 바꾸고 싶지는 않다, 이런 내가 좋다, 그리고 지금의 나와 더불어 살아가는 것이 너무나 기쁘고 감사하다, 나와 더불어 산다는 것은 있는 그대로의 나 자신이 좋다는 겁니다. '있는 그대로 괜찮다'는 거죠."

어른이 되는 것은 일하는 것과 사랑하는 것

"이제부터 여러분은 자기 인생의 주인공으로서 자신의

꺅~!!

너무 아름다워요~!!

뭐래~
나는 내가 좋아하는
식빵이나 구울랭~

삶을 살아가게 될 겁니다. 그것을 유지해 주는 마음이 있는 그대로 괜찮다는 마음입니다. 정신 분석을 시작한 프로이트Sigmund Freud(1856~1939)라는 사람은 '어른이 된다는 것은 일하고 사랑할 수 있게 되는 것'이라 말했습니다. 어른이 되어 일하는 것도 중요하지만, 그것만으로는 어른이라 할 수 없지요. 사랑을 할 수 없다면 진정한 어른이 아닌 겁니다. 단지 열심히 일해 돈을 번다고 어른이 아니다, 그저 꼬마일 뿐이다. 이 점을 잊지 마시기 바랍니다."

강연을 마치고 교장실로 돌아갔을 때 교감 선생님이 말씀하시더군요. "이야, 우리 아이들이 그렇게 조용하게 강사 말을 듣는 건 처음 봤습니다. 심지어 여학생들 중엔 눈물 흘리는 아이까지 있더군요. 그 아이들, 모두 지쳐 있었거든요." 어느새 아이들을 향한 애틋한 마음이 제 가슴속에 퍼져나가고 있었습니다.

뒷이야기

강연을 마친 후 버스 정류장으로 걸음을 옮겼습니다. 몇 명의 중학생이 모여 있었는데, 그중 한 아이가 오토바이에 탄 채 '부릉부릉' 시끄러운 소리를 내고 있더군요. 버스를 기다리던 어른들도 있었지만, 애써 그 학생을 외면하고 있었습니다.

저는 청력이 나빠 보청기를 사용합니다. 보청기는 시끄러울 정도로 잡음까지 잡아냅니다. 공회전하는 소음을 도저히 견딜 수 없어 오토바이에 타고 있던 중학생에게 말을 걸었습니다. "미안하지만, 시끄러워 견딜 수가 없으니 공회전 좀 멈춰 주면 안 되겠나"라고 조용히 부탁했죠. 어떤 반응이 나올지 모르니 좀 긴장되더군요. 그 중학생에게서 어떤 대답이 돌아왔을까요.

제가 정말 놀란 것은 바로 그것 때문이었습니다. 전혀 예상치 못한 말이었거든요. 그 말은 "고마워요"였습니다. 그리고 학생은 즉시 오토바이 시동을 멈췄습니다. 버스에 오르면서 저도 그 아이에게 "고맙네"라고 말해 주었습니다. 그랬더니 그 아이가 웃는 얼굴로 제게 손을 흔드는 것이었습니다. 저는 뭔가에 홀린 것 같은 느낌이 드는 한편, 무척 좋은 기분으로 귀가할 수 있었습니다. 버스 안에서 저는 정류장에서의 일을 생각해 보았습니다.

'고맙다'는 말은 무슨 의미였을까? 그 아이가 이 할아버지를 놀린 걸까? 아니면 이름도 모르는 할아버지가 아주 자연스럽게 자신에게 부탁해 준 게 기뻤을까?

주변 어른들은 상대하고 싶지 않다는 기색이 역력한 표정으로 외면하고 고개 한 번 돌리지 않는 가운데, 단 한 사람의 할아버지가 아무렇지 않은 어조로 부탁해 주었던 일. 그것이 그에게는 기쁘게 느껴진 것 아닐까. 저는 분명 그런 것으로 생각하기로 했습니다. 그날 내내 밝은 빛이 제 주변을 맴도는 기분이었습니다.

3. 타인의 관심이 내 행복을 좌우한다면

나르시스 이야기

나르시스Narcissus(수선화)의 꽃말은 '자만', '자기애'입니다. 그리스 신화에 등장하는 미소년의 이름이죠. 나르시스가 태어났을 때 부모가 맹인 예언자 티레시아스Tiresias에게 아들의 운명에 관해 묻자 '자신을 알지 못하면 장수할 수 있을 것'이라는 불가사의한 답이 돌아왔다고 합니다.

성장해 유례가 드문 미소년이 된 나르시스를 보며 물과 숲의 요정인 님프nymph들은 애를 태웁니다. 에코Echo도 그 중 하나였는데, 상대방의 마지막 말을 되풀이할 뿐 제대로 사랑을 전하지 못하는 자신을 나르시스가 차갑게 대하자 에코는 절망에 빠져 돌이 되어 버린 후 목소리만 남겨집니다. 그것이 '메아리'입니다.

하지만, 그렇게 차갑게 굴며 사랑을 거부하던 나르시스에게도 이윽고 대가가 돌아옵니다. 물 위에 비치는 자신만 바라보며 여위어가다 끝내 샘물가에서 숨을 거둔 겁니다. 그리고 그의 모습은 수선화로 변해 버립니다. 여러분도 잘 아시는 나르시스의 이야기입니다. 불모의 사랑에 관한 이야기죠. 자신에게 빠져 타자를 사랑할 수 없는 자기애가 결국 죽음으로 이어진 것입니다. 나르시스는 예언자가 그의 부모에게 경고한 대로 자신의 아름다움을 알고 자신을 찬미한 나머지 단명했습니다.

마찬가지로 현대의 나르시스인 자기애자, 즉 나르시시스트narcissist는 '나는 아름답다!'는 자기 찬미自己讚美의 아우라

aura를 발합니다. '나는 대단하다'는 자기 현시의 힘이 있는 까닭에 일시적으로는 주목받으며 사람들을 끌어모으고, 찬사를 받아 좋은 기분이 될 수도 있을 겁니다. 하지만, 결국 거품은 걷히기 마련이고, 그런 성공도 단명으로 끝나게 되어 있죠. 그들은 자기애가 너무 강한 나머지 타자에 대한 애정이 없고, 자신을 돋보이게 하려고 타자를 이용할 뿐이므로 결국 타자도 그들에게서 멀어지게 됩니다.

나르시시즘이라는 말은 원래 심리학 용어지만, 일반적으로 널리 사용됩니다. 이것을 오늘날 우리가 쓰는 말로 바꿔 보면, 교만, 자만, 허영, 자의식 과잉, 자기애 등의 뜻이 담겨 있습니다. 나르시스의 이름이 나쁘게 확대 해석되는 예가 많다 보니 원조 나르시스가 좀 딱하다는 생각도 없지 않습니다.

게다가 요즘에는 어른으로서 아름답고 훌륭하지 않은데도 불구하고 '너무나 아름답고 훌륭하다'는 자기 암기를 걸어 자신을 과대평가하고 자만하는 인간을 나르시시스트라고 부르는데, 원조 나르시스로서는 이런 인간들과 자신이 동일시되는 것을 원하지 않겠죠.

나르시시스트의 대인관계

인간, 특히 이른바 선진 자본주의 국가에 사는 사람들은 민족주의, 기본적 인권, 개인의 존엄 등을 어느 정도 보장받으므로, 옛날 특권 계급이 권위를 뽐내던 시대와 달리 일반 서민이라도 나름대로 스스로를 소중하게 생각하는 마음을 공유할 수 있습니다. 나를 가치 있는 인간이라 여기고 싶어 하는 자기애적인 심성도 그런 시대나 사회의 진보를 반영하는 것임을 생각한다면 무턱대고 부정할 일은 아니라고 봅니다. 많은 사람이 다들 어느 정도 나르시시스트적인 요소를 가지고 있어서가 아닐까 하는 생각도 들거든요. 이것이 꼭 나쁘다고 할 수는 없습니다. 이런 요소들로 인해 오히려 인간적으로 성장하는 면이 있기 때문입니다.

그렇지만, 지금의 나르시시스트들이 도를 넘어서고 있다는 생각 또한 지울 수 없습니다. 지금부터 쓰게 될 내용은 어쩌면 이런 부정적인 면을 다소 확대하며 짓궂게 파헤치는 것으로 비칠지도 모르겠습니다.

극단적인 나르시시스트는 결국 모든 관심을 자기 자신

에게 향하게 됩니다. 그(그녀)는 사람들로부터 자신이 어떤 취급을 받을까 하는 것에 무척 민감하고 관심이 많습니다. 이 경우 자신이 그에 걸맞게 소중하게 대우받는다고 생각하면 행복합니다.

그러므로 그의 행복은 타인에게 자신이 어떤 취급을 받는지에 대한 그(그녀)의 '판단'에 달려 있습니다. 사실 나르시시스트는 내심 은밀하게 '나도 조금은 훌륭한 인간이야'라고 생각하기도 합니다. 그러나 그런 사반한 생각은 내색조차 하지 않죠. 타인들이 알아차리지 못하게 숨깁니다. 요즈음 노골적으로 눈에 띄는 사람이 늘어난 것도 사실이지만, 미국인들 정도는 아닙니다. 특히 일본인들은 겸손이 미덕인 문화에서 자라니까요.

타인들로부터 그 속마음에 부응하는 대접을 받으면, 자기애가 충족되어 행복한 기분이 됩니다. 하지만, 그 내면의 은밀한 마음에 부응하지 못하는 취급을 받을 경우 자기애에 상처를 받아 불행의 구렁텅이로 추락해 버리고 맙니다. 그 행복과 불행이 자기애의 충족에 달린 것입니다.

그럴 경우 그의 타인에 대한 관심은 오직 상대가 내 자기애를 충족시켜 줄 사람인가, 아니면 내 자기애에 상처를 줄 사람인가에만 초점을 맞추게 됩니다. 그에게 타인이 중요한 의미가 있는 이유는 자기애의 만족·불만족과 관련해 타인이 큰 비중을 차지하기 때문이죠. 타인의 행복이나 불행은 결코 그에게 중요한 의미를 갖지 않습니다.

자신의 자기애의 만족과 불만족이 가장 중요하고, 그것이 타인에 의해 좌우되니 타인이 대단히 신경 쓰일 수밖에 없습니다. 그런 의미에서 자신의 마음이 타인에 의해 지배당한다고 볼 수도 있겠습니다. 자신의 행복과 불행이 타인이 자신을 어떻게 취급할지에 달려 있기 때문에 가장 중요한 부분을 타인에게 의존하는 거죠. 실로 불안정하고 부자유한 인간이라 할 수 있는데, 문제는 본인이 이 점을 미처 알아차리지 못한다는 사실입니다.

나르시시스트를 지배하는 것은
세계 전체

그를 지배하는 것은 타인들뿐만이 아닙니다. 실은 주변(세계)의 모든 것이 그를 지배하고 있습니다. 그는 그저 자신이 '훌륭한 나라', '풍요로운 사회', '정의로운 세상'에 살고 있다고 생각할 수 있으면 행복합니다. 그런 훌륭한 나라, 풍요로운 사회, 정의로운 세상에 사는 자신이 행복하다고 생각하죠. 그런 나라에 소속되어, 그런 사회를 살아가는 것이야말로 자신에게 걸맞은 운명이라며 자기애를 충족시킬 수 있는 것입니다.

그는 물질적·경제적 환경에 의존할 뿐만 아니라 정신적으로도 환경에 의존하며 지배당하고 있습니다. 그런 그는 자신이 2류·3류 국가, 가난한 사회에 살고 있다고 생각하지 않으려 합니다. 그런 나라와 사회는 이런 내게 걸맞지 않다고 느끼며, 자기애에 상처를 입습니다. 대단히 상처받기 쉬운 자기애를 가진 그는 자기가 자신에 어울리는 훌륭한 환경 속에 있다는 '환상의 비눗방울'에 둘러싸여 있지 않으면 불행합니다.

자신이 불행한 인간이라는 것을 받아들이지 못하는 겁니다. 그러니까 그 '환상의 비눗방울'을 깨뜨리는 있는 그대로의 '진실'을 보려 하지 않습니다. 그런 진실을 제시하며 직시할 것을 강요하는 인간과 정보를 무의식적으로 부인합니다.

어째서 그는 그토록 허약한
'자기애 인간'이 되어 버렸나

그런 불편한 '진실'을 거침없이 들이미는 존재에게 그는
격렬한 분노를 느낍니다. 그에게 있어 자신의 자기애에 상
처를 내는 것만큼 강한 분노를 자아내는 일은 없기 때문
입니다. '감히 이 몸에게 흙탕물을 끼얹었다니!' 하며 노발대
발하게 되는 것입니다. 이것을 '자기애 분노'라고 합니다.
국가도 종종 자기애에 상처를 받으면 자기애 분노를 폭발
시키며 전쟁을 도발합니다.

그는 왜 그렇게나 허약한 '자기애 인간'이 되었을까요.
그것은 그의 환경이 늘 '너는 훌륭하고 풍요로운 나라에
살면서, 멋진 너와 걸맞게 편안하고 쾌적한 생활을 할 수
있다'는 눈부신 메시지를 던졌고 그는 그 메시지에 둘러싸
여 성장해 왔기 때문입니다. 소비자본주의 세상은 그런 메
시지로 넘쳐납니다. 대중매체를 통해 살포되는 광고, 선전
문구, 이미지 전략 …. 마음속에서는 '하면 된다', '불가능

은 없다', '노력하면 행복해진다' 등의 만능감(萬能感)으로 가득한 무지갯빛 비눗방울이 부풀어 오릅니다. 그 비눗방울 같은 환경에 둘러싸인 채 자라나 살아왔으니까요.

게다가, 실은 이 대목이야말로 중요한 '진실'인데, 그는 그런 환상의 '비눗방울'에 에워싸여 있는 '자신의 본체·존재' 그 자체를 긍정할 수 없습니다. 진정 자신의 존재 자체가 소중히 받아들여지고 사랑받는 가운데 성장했다는 확신이 결여된 것이죠. 하지만, 그런 진실과 마주하는 데에는 엄청난 용기가 필요합니다. 이것이 불가능한 핵심적인 이유로 그의 '나약함'이 있습니다.

비눗방울 날아가. 지붕 위로 날아가

지붕 위로 오르니 터져서 사라졌네

바람아 불지 마라, 비눗방울 날린다

돌이켜 보면 우리가 어릴 적 부르던 이 노래는 무척 심오한 진실을, 정도의 차이야 있지만 대체로 나르시시스트가 되어 있는 우리에게 충고를 던지는 것 아닌가 하는 생각이 듭니다(이 노래 가사에 담긴 의미에 관해서는 여러 가지 설이 있습니다. 여기서 이야기한 것은 그런 설과 무관한 저 자신의 인상주의적 견해일 뿐입니다).

4. 약하고 모자라고 싫은 부분까지 모두 나 자신

'있는 그대로'를 본다는 것은 자신의 보고 싶은 점, 마음에 드는 점뿐만 아니라 보고 싶지 않은 점, 마음에 들지 않는 점까지도 포함된 있는 그대로의 현실을, 자신이 보고 싶지 않은 것들이라도 눈속임 없이 현실을 보는 것입니다. 있는 그대로의 나를 수용한다는 것은 마음에 들지 않는, 보고 싶지 않은 자신도 포함해 인정하는 것이니까요. 나르시시스트와는 다릅니다.

나르시시스트는 감당할 수 있는 정도 이상으로 자신을 과대평가하기 때문에, 현실을 있는 그대로 보지 못합니다. 자신의 약점이나 부족한 부분을 인정할 수 없죠. 따라서 쓴소리를 받아들이거나 실패를 통해 배울 수도 없습니다.

'내게는 모자란 부분이 있다, 약점이 있다. 부족한 부분이 있다', 그런 나를 '있는 그대로' 받아들임으로써 자신의 모자란 부분, 약점, 부족한 부분을 인정할 수 있습니다. 그러므로 그것을 조금씩 극복하기 위해 배울 수도 있는 것입니다. 자기애자는 이것이 불가능합니다.

나르시시스트는 자신을 좋은 쪽으로만 생각하려는 자기애가 강해 '훌륭한' 내가 되고 싶다는 자기 찬미의 욕망에 사로잡힙니다. 그래서 좋은 쪽으로 생각할 수 없는 자신을 받아들이지 못합니다. 그러니 피할 수 없는 비참한 현실을 목도하면 실망한 나머지 '모자란 녀석, 한심한 놈'인 나 자신을 부정하고 자신을 혐오하며 거부하게 됩니다. 결국, '모자란 나', '훌륭하지 않은 자신'을 '이 또한 내 모습'이라며 받아들이기를 거부하는 것입니다.

소비자본주의가 가져온 것

오늘날 많은 사람은 호화로운 저택과 소비재를 론loan이나 신용카드로 빚을 내 손에 넣을 수 있습니다. 그렇다 보니 실제 자신이 가진 능력을 넘어서는 자기상自己像을 형성할 수 있습니다. '어때, 이만하면 훌륭하지' 하며 들뜬 기분을 맛보고, '나도 이 정도면 대단한 사람'이라며 내가 소유한 것과 나 자신을 동일시하고 그런 자신에 취해 스스로를 찬미합니다. 빚으로 쌓아 올린 '환상'의 자기상입니다.

지금의 소비자본주의는 자기애의 만족, 나르시시즘의 욕망 충족을 돕는 것들로 이루어지고 유지됩니다. 우리가 사는 상품이나 서비스 대다수는 자기애를 충족시켜 주기 위한 것들이고요. 사람들은 아무 노력 없이도 손쉽게 '특별한 자신'을 살 수 있습니다. 남들에게 과시하고 칭송받을만한, 그런 특별한 자신이 되고 싶다는 욕망 위에서 번영을 이룬 것이 현재의 자본주의 시스템입니다.

소비자본주의의 문화에서 '고객은 왕'입니다. 이는 손님을 '기분 좋게 해 준다'는 발상을 통해 발전했습니다. 나르시시스트를 잔뜩 만들어내는 문화지요. 그것은 인생을 보다 충실하게 만드는 방법으로 '자기 찬미'를 장려합니다. 진정한 자신보다 칭찬하고 싶은 자신이라면 기분도 좋고 매일 즐겁게 지낼 수 있다는 거죠. 그런 분위기를 조성합니다. 여기서 드러나는 착각은 '자신을 사랑하는 것은 자신의 훌륭함을 깨닫는 일'이라는 생각입니다. 이때 '자신을 사랑하는' 일이란 조건을 전제로 한 사랑이지 '있는 그대로'의 자신을 사랑하는 게 아닙니다. '모자란 부분, 약한 부분, 싫은 부분, 그 밖에 여러 가지'를 있는 그대로 사랑하는 게 아니라는 말입니다.

훌륭하지 않으면 사랑할 수 없다

'훌륭하지' 않으면 사랑할 수 없다, 이런 사랑이 자기애입니다. 나에게 훌륭한 점이 없으면 사랑할 수 없는 자기애인 것입니다. 이는 거울을 훔쳐보는 새끼 고양이가 거기 비치는 모습을 커다란 사자로 보는 것과 같습니다. 자신을 실제보다 훨씬 크고 강하며 유능하다고 생각하는 것이 중요하기 때문입니다. 누군가에게 칭찬을 받으면 메모해 놓자, 거울을 보며 '당신 멋져!'라고 말하자, 이런 이야기들이 그 예입니다.

이런 문화는 자기 찬미, 즉, '자만의 거울'에 비친 자신을 찬미하는 일과 '자신을 사랑하는' 일을 혼동합니다. 제가 말하는 자신을 사랑하는 일은 자신이라는 존재 그 자체의 있는 그대로를 긍정하고 소중히 여기는 것을 말합니다. 어떤 자신이라도 그대로 받아들이고 자신과 더불어 살아가는 것입니다.

나르시시스트에게 있어서 '친구'는 예컨대 페이스북에 '좋아요'를 누르며 자신을 받아들여 주고 기분 좋게 만들어주는 도구에 지나지 않습니다. 자신의 기분을 위해 타인을 조작하는 것입니다. 정말로 자신을 사랑하며, 자존심이 있는 사람은 이렇게 하지 않습니다. 오히려 부끄럽게 생각하고 기피하지요. 자신을 존중할 줄 아는 동시에 타자를 존중할 줄 아는 것입니다.

정말로 자존심이 자신을 진정 존중하는 것이라면, 자기 찬미나 자아도취와는 조금도 비슷할 수 없습니다. '있는 그대로 괜찮다'며 '자신을 사랑하는 마음'은 자신의 존재 그 자체, 생명체로서 살아 있는 것, 그 자체를 소중히 존중하는 것입니다. 생명력을 가지고 존재하는 것, 그 자체, 자신의 삶 그 자체를 사랑하고 아낀다는 것입니다.

미국의 현상

소비자본주의가 극도로 발전한 나라인 미국의 '모유 육아 책'이 어떤 내용인지 아시나요? 이 내용을 알려 주는 책이 있었습니다. 모유 육아의 장점으로 배설물의 냄새가 지독하지 않다는 것을 꼽으며, 이것이 부모로서 고마운 일일 뿐만 아니라 아이에게도 이점이 있다. 기저귀를 갈아 주는 사람이 '싫은 표정'을 짓지 않으니 아이도 자기에게 좋다는 것을 알게 된다는 것입니다. 바로 이 지점에서 '자존심'이 싹트리라고 보는 발상입니다.

앞서 제가 언급했던 '옳지, 옳지'와는 엄청나게 다르죠. 매일 거울에 자신을 비춰 보며 '나는 내가 너무 좋아'라고 말하라는 심리학자도 있다더군요. 아이들을 향해 '너는 특별하다'고 말하는 것도 유행이라고들 합니다. 심지어 '나는 특별해'라는 노래가 유치원에서도 불리고 있습니다.[15]

아이들도 어른들도 자기애와 자기 찬미에 빠져들도록

---

15 진 트웬지Jean M. Twenge, 키스 캠벨Keith Campbell 지음, 《자기애 과잉사회The Narcissism Epidemic; 自己愛過剰忠誠社会》, 카와데쇼보신샤河出書房新社, 2011. (한국어판은 《나는 왜 나를 사랑하는가》, 옥당, 2010. − 옮긴이)

끝없는 칭찬의 비를 뿌리는 것 같은 모습입니다. 한편, 일본에서는 일부분에 의해 전체가 부정당하는 가운데 '성적 나쁜 모자란 녀석'이라며 위협적 평가의 호우를 아이들 머리 위로 쏟아져 내리게 하고 있습니다. 여기에 국민성의 영향마저 있다 보니 일본 아이들은 심지어 미국 아이들보다 뛰어난 점이 있을지라도 '나는 안 된다'고 믿어 버리는 경우가 부지기수입니다. 미국의 아이들은 이 반대죠. 하다 못해 성적을 봐도 그리 뛰어난 편이 아닌데 '나는 대단하다!'고 생각합니다. 국제 비교 조사 결과에도 이런 현실이 반영되어 있을지 모릅니다. 그렇다고 '미국 아이들이 훌륭하다'는 이야기는 아닙니다. 자기긍정감에서 '긍정'의 내용이 문제가 될 수 있다는 점을 지적하고 싶을 따름입니다.

나의 존재, 그 자체를 사랑한다

앞서 언급한 책에 따르면, 미국 문화의 중심에는 '자신을 사랑하지 않으면, 남도 사랑할 수 없다'는 사상이 자리 잡고 있다고 합니다. 그런데 이 '자신을 사랑하는' 일에 의해 자기 찬미가 고양되고, 나르시시즘이나 특권 의식의 단계로까지 올라가면 남을 사랑하기는커녕 인간관계를 파괴하게 됩니다. 저도 '나를 사랑할 수 없으면, 남을 사랑할 수 없다'는 이야기를 하고 있으니 혼란을 피하기 위해 명확히 해 둘 것이 있습니다.

미국의 사례에서처럼 자신을 사랑하는 일이 나르시시즘이나 특권의식으로 변질될 경우, 여기서 '자신을 사랑한다'는 말의 의미는 제가 말하는 의미와 다릅니다. 제가 말하는 '자신을 사랑한다'는 것은 자신을 찬미하는 것이 아니며, 자신을 과대평가하거나 자아도취에 빠지는 것도 아닙니다.

저는 '나를 사랑하는' 것과 '자기애'를 일부러 명확히 구분해 사용하고 있습니다. 제 어법에서 '자신을 사랑한다'는 것은 자신의 존재 그 자체를 사랑하는 것입니다. 생명체로서 살아 움직이며 존재하고 있는 것 말입니다. 그러므로 저의 '자신을 사랑한다'는 말은 '내가 살아 움직이며 존재하는 것, 그 자체를 사랑한다'는 이야기입니다. 자신이 '그 밖의 여러 사람 중 하나'이며, 특별한 '오직 한 사람(only one)'이 아니라도 좋다는 것입니다. '여럿 중 하나(one

여러 마리의 고양이 중 하나이지만

나 같은 고양이는 나밖에 없어~

of them)'일 수밖에 없는 내가 남이 대신할 수 없는, 둘도 없는 오직 한 사람임을 사랑하는 것입니다. 미국의 사례에서처럼 '자신을 사랑하는' 일이 자신을 특별시하는 것으로 이어지지 않는다는 의미입니다.

서구적 자신과 동양적 자신의 차이

소비자본주의 시스템하에서 경쟁주의로 고무되는 '자기애'는 경쟁이 가능한 부분을 사랑하는 것입니다. 돈이나 명예, 미모나 능력, 그런 자기가 소유한 강점이나 속성을 비교해 승리하는 것으로 이어지는 자기애입니다. 자기애는 '참 유능한 나', '참 예쁜 나' 하는 식으로, 자신을 부각해 자랑할 수 있을 만한 부분적인 능력과 특성을 사랑하는 것입니다. 미국에서 말하는 자신을 사랑하는 일이란 자기애와 헷갈리기 쉽습니다. 서구 문화에서 능력에 따라 개인을 평가하는 경향이 뿌리 깊기 때문 아닐까요.

'자기'만 보더라도 미국·서구의 '자기'와 일본·동양의 '자기'에는 다른 점이 있습니다. 문화심리학적 견해에서 자기를 보는 두 가지 시각이 있는데, 미국·서구에는 '상호독립적 자기관', 일본·동양에는 '상호협조적 자기관'이 있다고 합니다. 같은 '자기'라고 해도 시각이나 느낌이 무척 다른 것입니다.

서구의 자기는 상호 독립되어 있으며, 각자의 내적인 속성이 중시됩니다. 그러므로 자기를 소중히 하려면 능력과 셀프 에스팀이라는 자기 안의 속성을 높이는 것에 무게가 실립니다. 그러나 일본에서는 자기 자신이 가진 내면적 속성보다 타자와의 관계 속에서 살아가는 자기를 중시합니다. 따라서 타자로부터 독립적인 자기의 속성을 높이기보다 타자와의 관계성을 중시하고 소중히 하는 것입니다. 여기서 말하는 타자에는 인간뿐만이 아니라 자연도 포함되어 있다고 생각합니다.

그런 상이점을 고려한 자기의 존재 양태와 자기긍정감의 의미를 검토하고 깊이 이해해야 할 것입니다. 아마도 미국에서 자기를 사랑하는 마음이 자기 찬미로 기울어지거나 자기애를 증폭시키는 것은 미국인의 '자기'가 자신이 소유한 속성에 초점을 맞추고 있기 때문이겠지요. 자기가 가진 속성은 부분으로써 서로 비교하고 경쟁할 수 있습니다. 그런 '자기관'은 경쟁이나 자기애와 연결되기 쉽지 않을까요.

전후 미국을 본받아 산업화, 소비자본주의화, 경쟁 사회화하고 있는 일본도 미국의 경향에 무척 근접해 있다는 사실만은 틀림없습니다. 하지만, 전통적인 문화를 가진 '자기관'이 다르므로 미국과 똑같은 상황이 발생하지는 않겠죠. 일본에서는 좀 더 굴절된 형태로, '겸양을 미덕으로 하는' 문화의 영향을 받아 미국 이상의 심각한 갈등과 고뇌를 내포한 문제가 발전해 왔다고 저는 보고 있습니다. 여기서 그 문제를 깊이 파고들 수는 없지만, 장차 더욱 진중한 검토와 고찰이 필요할 것입니다.

상대적인 사랑과 절대적인 사랑

유능함이나 아름다움 등 자신이 소유한 성향과 속성에 대한 사랑은 상대적인 것으로, 어떤 척도를 적용하느냐에 따라 달라질 수 있습니다. 상대적인 부분은 비교할 수 있죠. 따라서 다툼이 일어납니다. '내가 예뻐', '아니야. 내가 더 예뻐', '내가 유능해', '아니야. 내가 더 유능해!'라는 식으로 말입니다.

그렇지만 70억 인구 모두 제각각 둘도 없이 소중한 생명을 유지하고 있다는 것에 대한 사랑은 상대적인 것이 아닙니다. 각기 다른 사람이 누구라도 공유할 수 있는 보편적 사랑입니다. 그것은 만인이 서로 공감할 수 있는 사랑일 것입니다. 또한, 모든 사람이 유일무이한 각 개인 고유의 세계를 살아가고 있음을 깊이 자각하는 가운데 서로 이 사실을 소중히 하고 존중하며 사랑하는 것입니다. 그 사랑은 다툼이나 대립을 일으키지 않습니다. 어느 쪽의 사랑이든 다툼이 아닌 평화를 가져오기 때문에 누구의 눈에도 명확합니다.

최근 들어 '우리나라와 향토를 사랑하는 마음'이라는 말이 부쩍 눈에 띕니다. 그 '사랑하는 마음'은 일본이 다른 나라에 비해 '특별한' 역사와 전통을 가지고, '특별히' 아름다운 향토를 가진 나라이기 때문에 일본을 사랑하는 마음이라는 것일까요? 아니면, 세계 속의 어떤 나라라도 그러하듯이 그곳에 사는 사람들에게 있어 '둘도 없이 소중한 나라와 향토'인 까닭에 사랑하는 마음이라는 것일까요? 그 '사랑하는 마음'의 내용이 문제시되고 있습니다. 그것이 어떤 내용인지에 따라 평화를 끌어내는 사랑이냐, 전쟁을 일으키는 사랑이냐의 방향이 정해지기 때문입니다. 글로벌 시대를 맞이한 오늘, 이는 대단히 중요한 문제입니다.

5. 더 훌륭해지려고 애쓰지 않기

'그대로'를 사랑한다는 것

그대로의 존재 자체를 긍정하는 것은, 소극적으로 말하면 상대의 '이런 게 싫어서', '저런 게 마음에 안 들어서'라는 이유로 상대의 존재 자체를 거부하지 않는 것입니다. 타자는 자신과 이질적인 존재이므로 때로는 위화감이 느껴지거나 거슬리는 부분이 있을 수 있죠. 그렇다고 해서 그 상대의 존재를 거부하지 않는다는 것입니다.

상대를 그대로 받아들이고 사랑한다는 것이, 상대의 모든 점을 좋아하게 되는 것을 의미하지는 않습니다. 그것은 평범한 사람에게는 불가능한 일이니까요. 상대에게 뭔가 위화감이나 불만을 느끼더라도 상대가 여기서 살아가며 존재한다는 것을 받아들이고, 가능하다면 사랑하는 것이지요.

부모자식 관계를 예로 들어 보면, 내 아이가 반드시 부모인 내 기대에 부응하는 반응을 보여주지 않을 수 있습니다. 내 아이라 할지라도 결국 나와는 이질적인 감수성을 가지고 살아가는 '타자'이기 때문입니다. 저 역시 제 아이로부터 이질감이나 위화감을 느낀 적이 있습니다. 하지만, 저는 제 아이의 존재 자체를 그대로 긍정하고 사랑합니다.

그것은 제가 타자인 내 아이의 이질성을 제 안으로 친근하게 받아들이기 위해 노력해 왔기 때문입니다. 그런 노력 없이 상대를 그대로 수용하기란 불가능합니다. 상대를 그대로 수용하는 일이 상대의 모든 것을 좋아하게 되는 것은 아닙니다. 상대를 그대로 '좋게' 평가하는 것도 아닙니다. 여러 가지 마음에 들지 않는 점이 있더라도, 상대의 존재를 거부하지 않고 '인정'하는 것입니다.

혹시 '자신의 그대로를 사랑해 주었으면 한다'는 것이,

'자신의 모든 것'을 좋아해 주기를 바라는 것이라면, 그건 무리한 이야기죠. '자신을 그대로 사랑해 주기 바란다'는 것이 언제 어디서든 자신을 생각해 주길 바라는 것이라면 그 또한 무리입니다.

'그대로'의 두 가지 의미

'그대로'에는 두 가지 의미가 포함됩니다. '모든 것'이라는 의미와 '존재 그 자체'라는 의미입니다. 사람은 여러 가지 특성과 능력을 갖추고 살아가지요. 그런 맥락에서 '그대로'는 부분적인 특성이나 능력의 모든 것이라는 의미와 그 부분적인 특성과 능력을 갖추고 살아가는 이 사람의 존재 그 자체라는 의미가 있는 것입니다.

그 사람을 그대로 받아들이고 사랑할 때의 '그대로'는 '모든 것'이라는 의미가 아닙니다. 그런 식으로 사랑하는 것은 무리한 일이니까요. 적어도 제게는 무리입니다. 그런 것이 아니라 그 사람의 '존재 그 자체'라는 의미지요. 이런 저런 부분에 구애됨이 없이 그 사람이 여기 존재한다는 것을 최소한 거부하거나 싫어하지 않는 것, 가능하다면 인정하고 사랑하는 것입니다. 불교에서 말하는 '자비'의 마음이라 할까요.

상대의 이질성을 수용하는 형태로 상대의 존재를 인정하고, 가능하면 친밀한 '좋은 관계'로 만드는 것. 그것이 동양, 조금 폭을 좁혀 보면 우리의 '상호협조적 자기관'에서 볼 수 있는 자기의 존재 양태 아닐까 합니다. 이것이 상대를 그대로 수용한다는 것의 의미라고 저는 생각합니다. 그대로를 수용한다는 일이 상대와의 이질성을 없애고 위화감을 전혀 느끼지 않도록 하는 것이라면, 어려운 일이겠죠. 다소 싫은 부분이나 위화감을 느끼더라도 그것을 인정하고 너그러이 봐주는 것입니다. 은둔형 외톨이 아들을 둔 어느 아버지의 표현을 빌리면 '스트라이크존strike zone'을 넓히는 거죠.

'있는 그대로 괜찮아'의 의미

이는 자신과의 관계에서도 마찬가지입니다. '있는 그대로 괜찮다'는 것은 자신에게 마음에 들지 않는 점이 있더라도 자신을 거부하거나 미워하지 않고 그런 문제들을 안고 살아가는 자신을 인정하며 긍정한다는 것입니다. 자신의 그대로를 긍정한다는 것이 모든 것을 '좋다'고 긍정하는 일을 의미하지는 않습니다.

'좀 더 눈이 컸더라면', '좀 더 성격이 유들유들했더라면', '좀 더 머리가 좋았다면' 등 자신에 대해 여러 가지 아쉬운 점이 있더라도 '뭐, 됐다'면서 너그럽게 봐주는 겁니다. 이게 나라고 받아들이며 살아가는 삶을 수용하는 겁니다. 이렇듯 '상관없다', '괜찮다'는 '인정'의 의미로 긍정할 수 있습니다.

하지만, 이를 위해서는 그 나름의 그릇의 크기와 마음의 넓이가 필요합니다. '스트라이크존의 크기' 말입니다. 자신의 부족한 부분을 하나하나 신경 쓰고 푸념하고 불평하며 감정을 상하거나 상처받지 않는 마음의 넓이가 그것입니다. 주관적인 자신의 기분과 감정에 좌우되지 않는 평정심이죠. 그런 담대한 마음을 가진 사람을 '어른'이라고 합니다.

그러나 오늘날의 세상에서는 '타자'나 '자신'에 대한 주관적인 기분과 감정을 억제하지 않고 쉽게 표출하는 경향이 지배적입니다. '짜증난다', '귀찮아', '열 받아', '죽어라', '꺼져'… 마치 재채기를 해 세균을 흩뿌리듯 세상에 감정과 상념이 소용돌이치고 있어요. 감정과 상념이 동요하지 않는 평정심은 실종된 상태입니다. 어른스러운 분위기의 세상이 아닙니다. 인간적으로 성숙한 어른의 세상이 아니라는 말입니다. 세계가 인간을 점점 '꼬마'로 만들어 버리고 있다는 느낌이 듭니다.

이즈음에서 언급해 두고 싶은 것은 이미 부모를 잃은 제가 부모로서 부모들을 향해, 그들의 시선으로 글을 썼다는 점입니다. 여기에서 상대나 타자를 '부모'로 바꾸면, 아이들의 입장에 거의 그대로 적용됩니다. '내가 이 부모를 선택해 태어난 것도 아닌데, 왜 이런 부모를 상대해야만 하는 거지? 농담하나!'라고 말하고 싶은 아이들이 잔뜩 있기 때문입니다.

오히려 부모 이상으로 심각한 것은 아이들 쪽입니다. 아이들은 부모로부터 버려지면 살아갈 수 없으니까요. 부모와 자식을 비교하면 아이들이 자라 어른이 될 때까지는 부모 쪽이 압도적인 '강자'의 입장이죠. 아이들은 어쩔 수 없이 부모의 이질성, 위화감 등을 참아가며 이질성을 자기 안으로 받아들이기 위해 눈물겨운 노력 속에 간신히 부모들을 수용합니다. 부모들도 이 점을 자각해야 하지 않을까요? 아이들과 부모 모두를 대상으로 상담해 왔던 제가 경각심을 담아 충고합니다.

4장

경쟁 사회와 자기긍정감

1. 다른 존재임을 인정하고 거리를 둔다

취향대로 만드는 아이?

어느 날 〈아사히신문〉 조간에서 충격적인 타이틀을 보았습니다. '유전자 해석, 아이 설계', '외모와 능력을 선별, 미국에서 특허'. 그리고 '디자이너 베이비designer baby"라는 말에 대해 다음과 같은 설명이 달려 있었습니다.

수정란 단계에서 유전자 조작 등을 가해 외모과 지능, 체력 등 부모의 희망이 반영된 형태로 태어나는 아기. 영화나 책에 등장하면서 일반에도 알려졌다. 1978년 난자와 정자를 체외에서 수정하는 체외 수정이 가능해짐에 따라 현실감을 띠게 되었다. 일본에서도 특정한 질병을 가지고 있지 않은지 수정란의 유전자를 조사하는 착상 전 검진이 이미 이루어지고 있다. 유전자 해석이 더욱 진전될 경우 옷을 디자인하듯 '아기 디자인'도 가능해질 것으로 보이나, 생명을 상품처럼 취급하는 사고방식에 윤리적으로 강한 비판이 제기되는 실정이다.

저는 '자기긍정감을 기르는 부모자식 관계를 생각한다'는 제목의 강연에서 이 기사를 소개했습니다. 그러고는 강연 중에 '튤립의 노래'를 불렀습니다. '빨강, 하양, 노란색, 어떤 꽃을 좋아하나요?'라는 대목을 부르며 청중들 사이로 들어갔을 때, 몇 분이 대답을 해 주시더군요. 그 자리에서는 빨간 꽃을 좋아한다는 분이 많았지만, 노란 꽃이나 흰 꽃을 좋아한다는 분들도 계셨습니다. 앞서 언급한 사태가 장래 현실화되어 부모가 취향대로 꽃을 고르듯 아이를 고를 수 있게 된다면 어떻게 될까요? 부모들은 취향에 맞춘 아이에 대한 욕망을 억누를 수 있을까요?

부모와 아이는 별개의 인격

저는 이 문제에 상당한 위기감을 느끼고 있습니다. 왜냐하면, 이미 지금도 부모들이 자기애로 인해 아이에게 자신의 취향을 강요하는 문제가 많이 일어나고 있기 때문입니다.

저는 전국 각지로 강연하러 다니다 가끔 그 지역 특산품을 사 들고 집에 갈 때가 있습니다. '이걸 사 가면 딸아이가 기뻐하겠지' 하고 딸아이의 웃는 얼굴을 상상하면서요. 하지만, 딸아이는 자기 맘에 들지 않는 물건을 사 가면 별로 기뻐해 주지 않죠. 제 기대나 상상과 다른 딸아이의 반응을 보면 저로서는 마음이 아프지만, 딸아이가 저와 다른 마음을 가지고 있다는 것을 그런 아픔과 더불어 확인하고는 합니다. 그런 경험이 축적되면서 부모인 저와 제 딸은 별개의 인격이며, 그 아이가 저와 다른 마음을 가지고 살아가는 독립적인 존재임을 깨닫는 가운데 '거리 두기'가 가능해집니다. 혹시라도 딸이 본심을 속이고 제가 기대하던 '기쁜 반응'을 보여주는 아이였다면, 저는 딸아이가 저와는 다른 취향, 다른 마음을 가지고 살아가는 인간

이라는 것을 머리만이 아닌 마음으로 이해하는 아버지가
될 수 없었을지도 모릅니다.

아이는 도구가 아니다

아이는 부모를 기쁘게 해 주는 도구가 아닙니다. 독립된
인격인 아이를 부모의 형편에 따라 부모를 기쁘게 해 주
는 도구로 만들거나 혹은 스트레스의 배출구로 삼는다면,
이것을 아이의 '남용', 'abuse'라 할 수 있겠습니다. 이 영어
단어 'abuse'란 '잘못된 사용법'을 의미하며, 일본어로 번
역하면 일반적으로 '학대'라는 의미가 됩니다.

혹시 태어나기 전부터 아이를 '디자인'해서 부모의 취향
에 따라 만든다면, 그것은 태어나기 전부터 이루어지는
'학대' 아닐까요? 저는 그렇게 생각할 수밖에 없습니다. 특
히, 오늘날의 경쟁 사회가 이러한 추세에 박차를 가하고
있는데, 실제로 부모가 아이를 제어해 자신이 깔아 놓은
자기 취향의 레일 위로 아이를 달리게 하는 경향이 강해
지고 있습니다.

'아이의 장래를 위해'라는 대의명분을 내걸면서, 실은

자신의 '자기애적 욕망'을 채우려는 부모들도 보입니다. 이런 현실 속에서 여러분도 어느새 앞으로 '높은 가격에 팔릴 수 있는 성능'을 장착시키는 교육으로 아이를 몰아넣는 부모가 되어 있지는 않은가요? 아직 태내에 있는 단계에서부터 부모 취향의 레일 위를 달리게 하기 위한 예비 작업과 교육이 시작되고 있는 것입니다. 이 연장선에서 '디자이너 베이비'가 등장하지 않는다는 보장은 없습니다. 유감스럽게도 저는 조기 교육을 향해 치닫는 부모의 욕망이 '디자이너 베이비'의 등장에 제동을 걸어 주리라 확신할 수 없기 때문입니다.

자기애적인 욕망

'자기애적인 욕망'이라는 말에서의 '자기애'란 앞서 언급한 것처럼 자신이 소유한 특성이나 능력에 따라 자신을 사랑하는 욕망을 말합니다. 나르시스가 샘물 위에 비친 자신의 모습에 반하듯이 자신이 소유한 특성에 빠져 자신을 긍정하는 것입니다. 아이를 부모의 소유물 취급하고 그 특성을 과시해 자신의 체면을 세우고, 긍지를 높이기 위한 도구로 활용하는 것은 타인에 연연하고 타인을 위해 남용되는 식의 자기긍정감을 형성하는 데는 도움이 될망정 '있는 그대로 괜찮다'는 존재 수준에서 자기를 긍정하는 자기긍정감을 길러줄 수는 없습니다.

몇 번이고 강조했지만 '있는 그대로 괜찮다'는 것은 자신의 특성이나 능력을 평가해 자신을 긍정하는 것이 아닙니다. 자신의 능력과 특성이 어떻든 간에 그 또한 '있는 그대로의 나'이므로 받아들이며 살아가는 거지요. 그것은 자신과 더불어 살며, 또한 그 아이와 더불어 살아온 시간과 역사 속에 길러지는 길동무와 같은, 존재에 대한 사랑으로부터 태어난 자기긍정감이라 해도 좋을 것입니다.

2. 사소한 일에 상처받는 건 불안하기 때문

UN 아동권리위원회의 권고

UN 아동권리위원회는 '극도로 경쟁적인 교육 제도로 인한 스트레스 때문에 아이들이 발달상의 장애에 노출된 것, 아울러 교육 제도가 극도로 경쟁적인 결과 여가, 스포츠 활동 및 휴식이 결여되어 있는 상황을 우려한다'면서 1997년 이래 일본 정부에 개선 권고를 거듭하고 있습니다. 하지만, 일본 정부는 아직 권고에 응한 적이 없습니다.

경쟁에 의해 지배되는 교육 때문에 아이들에게 무슨 일이 일어났는지 다시 확인해 보겠습니다. 경쟁 교육은 아이들을 타인과 비교합니다. 타인과 비교당하며 자라나는 아이들은 늘 부모나 교사들이 던져 주는 '지금 그대로의 너로는 안 돼, 더 뛰어난 다른 누군가가 되어야 해'라는 메시지를 접할 수밖에 없습니다.

경쟁에 지배되는 가운데 비교가 습관화된 시각으로 아이를 보면, 비교할 수 있는 부분적 능력이나 속성밖에 눈에 들어오지 않습니다. 오직 평가하는 데만 열을 올린 나머지 있는 그대로의 존재로서의 아이는 잊는 겁니다. 그결과 '공부 못하는 모자란 아이', '매가리 없는 녀석', '학교에 오지 않는 문제아'처럼 아이들의 부분적인 면을 가지고 아이들의 존재 자체를 부정하며, 그야말로 상품 가치를 매기는 시각으로 아이들을 바라보게 됩니다. 이는 부분에 의해 전체를 부정함으로써 목숨을 빼앗아 버리는 메두사 Medusa16의 시선 아닐까요.

이런 평가의 시선이 내면화되어 아이들, 그리고 청년들끼리의 인간관계까지 오염된 것이 오늘의 상황입니다.

착한 아이가 아니면
포기하겠다는 위협

'착한 아이'가 되지 않으면 포기하겠다고 '위협'하며 아이들을 몰아세우는 교육·육아 속에서는 '있는 그대로 괜찮다'는 자기긍정감 대신 '버려질지 모른다는 불안'이 아이의 마음을 갉아 먹습니다. 그 결과 아이들은 불안에 짓눌리면서 항상 주변의 기대에 부응하고, 자신을 주변에 맞춤으로써 버려지지 않게끔 행동해야 한다는 강박적 경향을 안고 지내게 됩니다.

오늘날의 아이들과 청년들 가운데에서 부분적으로 자신이 부정당하는 등의 사소한 일에 상처받고 패닉을 일으

....

16   눈이 마주친 자는 돌로 변했다고 전해지는 그리스신화 속 괴물.

키는 경향이 관찰되는 것도 이런 배경을 보면 이해가 가능합니다. 이것은 결코 세간의 일부 평론가들이 말하는 것처럼 아이들이 공주·왕자처럼 응석받이로 길러져서가 아닙니다. 경쟁으로 내몰리고 버려질지 모른다는 불안 속에서 늘 지배적인 타자의 기대에 부응하는 '착한 아이'가 되어야 한다는 강박에 시달리는 아이들과 청년들은 '이만하면 됐다'며 안심할 수가 없습니다.

아무리 노력해도 완전하지 않다는 불안에 시달리다 강압적으로 '아주 좋다'를 추구하는 완벽주의에 빠집니다. 그 완벽주의 때문에 조금의 비판이나 실수에도 상처받게 됩니다.

경쟁이 지배하는 기업 사회

경쟁이 지배하는 오늘날의 글로벌화된 소비 사회는 글로벌 경쟁에서 살아남는 데 공헌하는 상품, 효용이 될 만한 '특별한 가치'를 가진 사람이 되기를 요구하는 사회입니다. 타인과는 좀 다른 개성적인 존재라는 것을 증명하지 않으면 팔리지 않고, 그래서 살아남을 수 없다며 압력을 가하는 사회인 것입니다.

국제화 시대, 정보화 시대의 물결에 뒤처지지 않기 위해 영어 회화나 정보화 능력을 습득, 자유자재로 사용하는 등 자기의 재구축에 노력하지 않으면 기업에서도 살아남을 수 없습니다. 부단하게 자기를 재구축해 상품, 효용이 될 만한 자신을 증명하지 않으면 버림받는다는 불안 속에서 부모 세대 또한 살아가고 있습니다. 따라서 아이들에게도 당연히 이를 요구하게 되겠죠.

그런 상황에서 자아 탐구나 셀프 에스팀의 고양 등을 지향하는 '자기 계발 세미나'가 1990년 무렵 크게 유행했습니다. 당시 제 세미나에 참가하던 한 여학생이 그 경험을 말해 준 적이 있습니다.

"주변 사람들이 왜 당신을 선택했다고 생각하나요? 그것은 당신을 높이 평가하기 때문입니다. 당신이 그만큼 매력적인 사람이라는 거지요. 어떤 점이 당신의 매력인지 아세요? … 그거 봐요. 자신의 매력이 뭔지 알아차리지 못하잖아요. 그 매력에 대해 깨닫고 향상시키면 당신의 세계는 더욱 훌륭하게 열릴 겁니다", "자신의 매력을 끌어내 앞으로의 인생을 즐겁게 살아갈 수 있는 비용이라고 생각한다면 10만 엔은 싼 금액이죠? 이런 좋은 기회에 고작 10만 엔을 못 내시겠다니, 안타깝네요"….

이를테면 이런 식으로 유인하는 경우도 있습니다. 일단 '자신의 매력과 가치를 깨닫고, 그것을 끌어내면 멋진 인생이 기다린다'고 이야기합니다. 그러다 결국에는 '10만 엔만 내면 가치 있는 자신으로 변신할 수 있다. 하지만 지금의 당신으로는 안 된다'는 메시지를 던지지요. 그 여학생은 "선생님의 세미나 시간에 '있는 그대로 괜찮다'는 자기긍정감에 대해 배우고 제 존재 자체를 긍정하는 일의 중요성을 알게 된 제가 그런 세미나에 속아 넘어갔다면 배운 의미가 없잖아요. 그래서 확실하게 거절했어요"라고 말했습니다.

경쟁 사회에서 살아남기 위한 자기긍정감

요즘 사회는 이런 세미나가 대유행하던 당시보다 청년들에게 더욱 가혹한 분위기이므로 그런 달콤한 말에 속아 넘어갈 청년들이 많지 않겠죠. 하지만, 그 와중에도 스스로에게 자신이 없고, 지금의 자신이 원래의 내가 아닌 것 같다는 느낌을 안고 살아가는 청년들 가운데 다소 금전적 여유를 가진 경우가 있다면 아마 피해자가 될지도 모를 일입니다.

이런 상황에서 요구되는 셀프 에스팀은 경쟁에서 살아남을 수 있을 만한 상품, 효용을 가진 '가치 있는 나'를 발견해 내고, 그것을 적극적으로 발전시킴으로써 유지되는 것입니다. 그렇다 해도, 모든 셀프 에스팀이 반드시 외적인 기준에 비추어 타인보다 뛰어나기를 요구하는 것이라 단언할 수는 없습니다.

오히려 개인의 내적 기준에 비추어 '있는 그대로의 자신을 인정하기', '자신을 사랑하기', '나답게 살기', '개성적으로 살기' 등의 중요성을 인식시키고, 더 적극적으로 촉구하도록 하는 면도 많을 겁니다. 그 점에서 보면, 경쟁 시스템의 톱니바퀴에 매몰되어 '나를 잃어버린' 삶의 방식이 아니라 이에 대항하는 삶의 방식을 지원하는 의미가 담겨 있다고도 할 수 있겠죠.

하지만, 지금의 상황이 심각한 것은 '나답게 살기', '개성적으로 살기' 자체가 타인과 다른 '상품'이 되는 개성으로

다양화, 개성화를 표방하는 기업 사회의 경쟁 시스템에
맞물려 있기 때문입니다.

3. 도구로써 쓸모없다면 버려지는 세상

유용성의 척도

'쓸모가 있는', 그것도 경제적으로 쓸모가 있는(GDP 성장
에 공헌하는) '유용성'이 없다면 노골적으로 배제되는 것이
지금의 세계입니다. 이 유용성의 가치관이 가정에까지 침
투해 아이들도 장래를 획득할 수 있는 유용성에 따라 그
가치가 매겨지는 양상입니다. 돈을 들여 장래에 유용한
'인재人材'[17]가 될 수 있는 '교육'을 구매한다, 이를 위한 돈
이 없는 가정은 그 가능성으로부터 배제됩니다. 이런 구
조의 사회가 되어 있습니다.

지금 눈앞의 페트병 안에 녹차가 들어 있습니다. 만일

....

17 여기서는 물질주의적인 '인적 자원human resource'의 의미로 쓰였다. -옮긴이

이 페트병에 균열이 생겨 녹차가 흘러나온다면, 이 페트병은 녹차를 보존하는 용기로서의 '유용성'을 상실하는 것이니 그 존재 자체를 부정당하게 됩니다. 알기 쉽게 말하면, 이 페트병 같은 존재로 인간을 길러 내는 것이 지금의 사회이며, 교육 또한 이 사회에 필요한 인재를 길러 내는 것을 목적으로 점점 변해가고 있습니다. 여기서 말하는 인재란 국가와 기업 사회에 쓸모가 있는 '도구'입니다. 도구는 '유용한' 기능을 잃어버리면, 쓸모없는 것으로 치부되어 존재 그 자체를 부정당합니다.

이렇듯 경제적 유용성만을 기준으로 인간의 가치가 매겨진다면, 사람들은 자신을 도구와 동일시하고 유용성만으로 자신의 존재 가치를 평가하게 될 것입니다. 그 유용성을 잃으면 존재 가치는 '제로'입니다. 그러면 '이렇게 쓸모없고 무가치한 내가 살아 있으면 뭐해, 사라져 버리는 편이 낫지'라며 존재 자체를 부정하게 되죠. 인간의 인재화人材化 진행에 따른 폐해는 바로 인간 생명의 전체성이 파괴되고 부분적인 좋음·나쁨에 의해 그 존재 전체가 받아들여지거나 거부되는 일입니다. 그리하여 경쟁에서의 패배는 자신의 존재 가치 그 자체의 상실로 이어지지요.

레일을 까는 속셈

그런 가치관이 가정 안으로까지 침투해 지배력을 행사하게 되면, 부모는 아이에 대한 애정으로 아이의 장래 '유용성' 확보를 위한 교육에 돈을 쓰게 됩니다. 일찍부터 돈을 들여 레일을 깔아 주며 내 아이를 그런 교육으로 이끌어 갑니다. 그것이 내 아이를 사랑하고 내 아이의 장래를 생각하는, 당연한 부모 마음이라 여기기 때문입니다. 등교 거부를 하던 한 여자아이는 그런 부모의 마음을 '나쁜 속셈'이라고 반발했습니다.

한편, 아이 쪽에서도 소자녀화 추세 속에서 애정과 돈을 투자해 자신을 길러 주는 부모에게 고마움을 느끼게 됩니다. 부모의 기대에 부응해 기쁘게 해 주고 싶다는 강한 열망까지 갖는 것입니다. 그러나 모든 아이가 이런 열망을 가질 수는 없습니다. 또한, 그런 열망을 가진 모든 아이가 그 열망을 실현할 수도 없습니다. 가혹한 경쟁이 가로놓여 있기 때문입니다. 부모의 기대에 부응하지 못하는 아이들은 종종 자신의 존재 자체를 부정합니다.

이는 부모의 기대에 부응하지 못하며 쓸모없는, 유용성이 결여된 인간이 인재로서 그 존재 자체를 부정당하는 사회의 가치관과 겹칩니다. 부모는 아이에 대한 애정 때문에 아이의 장래를 걱정하고, 아이를 위해서라는 생각에 아이에게 돈을 쓰겠죠. 하지만, 그 마음도 부모 자신이 미처 알아차리지 못하는 사이, 어느새 유용성만이 기준인 사회의 가치관에 물들어 있는 것 아닐까요.

설령 부모에게 그런 생각이 없다 하더라도, 지금 사회의 최전선에 있는 아이들은 온몸으로 이 현실을 느낍니다. 자신들이 어떤 척도로 평가받는지 분명히 체감하고 있습니다. 아울러 무심코 던지는 부모들의 메시지를 통해 쓸모 있는 존재가 되지 않으면 '설 자리를 잃어버릴 것'이라는 불안감을 온몸으로 겪게 됩니다.

집 없는 아이들
─ 세상의 기준과 생명 기준

'세상 기준'에 비추어 상품, 효용이 될 만한 유용성을 획득할 수 있을지가 부모의 애정을 좌우한다면, 집은 유용성이 없는 인재가 배제당하는 바깥 사회와 다름없는 곳이 돼 버립니다. 아이들이 돌아가야 할 자리, 안심할 수 있는 집이 사라지는 것입니다. 유용한 인재인지 아닌지를 넘어 인간으로서, 생명체로서 살아가는 존재 자체를 환영하고, 수용해 주는 세계 없이 인간이 개인으로서 자신을 존중하며 살아갈 수 있을까요?

생명체가 생명체로서 존재하는 그 존재 방식 안에는 고유의 특성과 형태가 각인되어 있습니다. 각각의 생명이 가진 리듬, 템포, 베이스 자체가 다른 것입니다.

그런 까닭에, 오직 그 리듬이나 템포, 베이스를 존중할 때만이 각자 자신의 베이스에서 고유의 인생을 살아갈 수 있습니다. 이것이 생명체로서의 존재 그 자체를 존중하고, 긍정하는 일의 핵심이라고 생각합니다.

그런 의미에서 '있는 그대로 괜찮다'는 자기긍정감을 길러 주기 위해서는 생명체로서 존재하는 것, 그 자체를 '옳지, 옳지' 하며 수용해 주는 생명의 가치로 아이를 보는 시선을 회복해야만 합니다. 공기나 물을 세상의 시세로 따지면 공짜나 다름없습니다. 하지만, 생명의 척도로 본다면, 그것이 없다면 살아갈 수 없으니 엄청난 가치가 있다고 할 수 있겠죠.

얼마의 돈을 벌 수 있느냐는 세상의 척도를 넘어 더불어 사는 동료이자 길동무로서 존재 자체를 소중히 하는 그런 자신, 그런 세계를 만들어 내지 못한다면 인간은 인간답게 살아갈 수 없습니다. '지금 이대로 괜찮다'는 자기 긍정감은 바로 이런 문제에 관한 질문과 연장선에 있는 것입니다.

오늘날 도시화된 사회는 1960년대까지 자연에 둘러싸여 있던 고향 잃은 사람들을 받아들여 근대인으로 길러 왔습니다. 그것이 이제는 포용력을 잃은 인재, 즉 쓸모없는 인간을 배제하는 사회로 변질됐습니다. 이러한 상황에서 어떻게 새로운 고향, 즉 '홈'을 만들 것인가의 질문이 제기되고 있습니다.

4. 강해지라고? 진심으로 질 줄도 알아야 해

자기 책임하에서 다양한 선택을 하는
성숙한 사회?

상품, 효용이 될 만한 개성적이고 가치 있는 인재가 되기를 요구하는 오늘날의 기업 사회·경쟁 사회는 동시에 자립, 선택, 자기 책임을 표방하며 사람들에게 이를 강요하고 있습니다. 1997년 중앙교육심의회가 내놓은 '21세기를 바라보는 일본 교육의 바람직한 모습에 관하여'는 '개성이 존중되고 자립한 개인이 자기 책임하에서 다양한 선택을 할 수 있는 진정 풍요롭고 성숙한 사회 창조를 지향한다'고 허풍을 떨며 '선택의 자유'와 여기 수반되는 '자기 책임'을 강조합니다.

그 배경에는 규제 완화라는 명목으로 복지와 교육 등 공공서비스 제공의 울타리를 걷어 내고, 이것을 시장의 손에 내맡기는 신자유주의로의 정책 전환이 있었습니다. 새로운 투자처를 잃은 기업이 돈벌이의 대상으로 삼아서는 안 될 의료와 복지, 교육과 같이 '생명'에 직결되는 세계에까지 손을 뻗을 수 있게 된 겁니다. 이러한 상황에서 사람들은 공공 서비스에 기대지 않는 '자립 자조'의 정신으로, 시장이 제공하는 여러 가지 서비스를 스스로 모든 책임을 지는 가운데 자유롭게 선택하라고 요구받습니다.

그러나 돈 없는 인간에게 선택의 자유는 없습니다. 다양한 선택지가 있고 개인의 필요에 근거해서 자기 책임에 따라 개성적이고도 자유로운 선택이 가능한 것처럼 보이지만, 결국 그 선택지는 시장에 의해 좌우되며, 선택의 폭은 개인의 형편(돈)과 '책임'에 일임됩니다. 여기서 요구되는 인간상은 생활상의 문제나 곤란을 '자립 자조'의 정신에 근거해 자기 책임하에 해결하는 '강인한 사람'입니다.

'강인한 사람'의 셀프 에스팀

이러한 상황에서 부유한 사람이든 가난한 사람이든, 건강한 인간이든 병약한 인간이든, 각자의 생존 조건과 입장에 상관없이 모든 것을 개인 책임하에 자기 결정, 자기 선택하며 자신의 인생을 열어 가라고 하는 셀프 에스팀은, 아무리 약한 위치에 있는 사람이라도 '강인한 사람'이 되어야 한다고 강요하는 성격을 띱니다. 하지만, 심지어 유복한 계층의 아이들이라도 강인한 사람이 되기는 힘듭니다. 부모나 교사 앞에서 약한 소리를 하지 않고 '똑소리 나는 착한 아이'를 필사적으로 연기하던 아이들이 돌연 한계를 드러내며 히스테리를 일으켜 세상을 놀라게 하는 범죄를 저지르거나 은둔형 외톨이가 되어 버리는 경우가 종종 있죠. 그 배경에는 자립적이고 강인한 사람을 요구하는 이데올로기가 아이들의 내면에까지 침투해 그들을 벼랑 끝으로 몰아간 상황이 자리 잡고 있습니다.

이러한 삶의 괴로움을 안고 있는 대다수의 아이들, 청년들에게 필요한 자기긍정감은 경쟁 사회에서 적응하고 살아남는 '강자'에게 필요한 셀프 에스팀이 아닙니다. '있는 그대로 괜찮다'는 자기긍정감이야말로 그들의 진정한 아군이라 할 수 있지요. 있는 그대로의 모습으로도 지장 없다, 괜찮다, '돈마이 돈마이 ドンマイ ドンマイ'[18]라는, 그런 뉘앙스입니다. 안심하며 자기 자신으로 살 수 있다. '있는 그대로 괜찮다'

---

18 '신경 쓰지 말라(don't mind)'는 영어 표현을 딴 유행어의 일종. ―옮긴이

는 의미는 무엇보다 바로 이런 안심감을 의미합니다.

패자 그룹이 될 수 없다고 필사적으로 달리다가 녹초가 되어 '자기부정감'에 시달리는 오늘의 아이들과 청년들의 모습을 보노라면 작가 니시무라 시게루西村滋 씨의 《빗속을 헤치고 바람을 가르며雨にも負けて風にも負けて》[19]에 등장하는 전쟁고아 이야기가 떠오릅니다. 이 전쟁고아의 시대와 오늘의 현실을 느닷없이 동일시하면 안 되겠지만, 왠지 이미지가 겹칩니다. 극심한 생존 경쟁에 휩싸인 전쟁터 같은 사회 속에서 자신의 있는 그대로를 사랑하며 소중히 여겨주던 부모님을 잃은 아이들의 모습이 마치 전쟁고아의 그것과 닮았다는 생각이 들기 때문입니다.

니시무라 씨는 어린 시절 양친과 사별하고 고아로 줄곧 방랑 생활을 하다 전후 전쟁고아들을 담당하는 보도원補導員으로 일했는데, 이 시기를 원점으로 '평화와 어린이' 테마의 많은 작품을 썼습니다. 이 니시무라 씨의 책 첫 부분에 앞서 말한 전쟁고아가 나옵니다. 아이는 다음과 같이

---

19 슈후노도모샤主婦の友社, 1988.

성공 안해도 행복해~

말했다고 합니다. "착실하게 살면 뭐해. 전쟁고아가 대단한 인간이 되어 봐야 전쟁 좋아하는 놈들만 좋아하지 않겠어? 아무리 험한 꼴을 당하더라도 굴하지 말고 힘을 내면 된다, 그러니까 또 전쟁을 일으키려고 하는 거 아니냐고…."

이 말에 니시무라 씨는 한 방 얻어맞는 느낌이 들었습니다. "빗속을 헤치고, 바람을 가르며… 그런 거 다 거짓말이야. 사람은 가끔 진심으로 질 줄도 알아야 한다고. 진심으로 져 본 적도 없이 다들 적당히 다시 일어나니까 비도 바람도 우쭐해서 설치는 거지."

5. 적당히, 대충, 형편 봐 가며 사회와 관계 맺기

은둔형 외톨이였던 청년
– '나를 지우고' 살아간다?

은둔형 외톨이 경험이 있는 5명의 청년과 대화를 나눴습니다. 이들 대부분은 '은둔형 외톨이와 자기긍정감'에 관한 제 강연에 참석한 것을 계기로 저와 알게 되었습니다. 서로 솔직한 대화가 가능한 사이다 보니 제게는 무척 소중한 시간이었습니다. 다른 친구들과 함께 왔던 S씨도 그런 느낌을 받았나 보더군요. 여러 가지 주제로 이야기를 나누었는데, 그중 하나만 소개해 보겠습니다. 저는 그들에게 이런 이야기를 해 주었습니다.

저는 전부터 이런 감상을 가지고 있었습니다. 요즘 사회에는 주변 사람들처럼 지내기, 보통의 기준 유지하기, 평범해지기 같은 '기대'에 부응하기에만 급급한 사람들이 많구나. 적어도 상담을 통해 힘겨워하는 청년들을 만나온 제 눈에는 그렇게 보였어요.

'보통'으로 '평범'해지기 위해 '나를 지우고' 살아가지요. 그런데도 보통으로 평범해지는 데 실패하는 청년도 적지 않습니다. 이럴 걸 무엇 때문에 나를 지우며 살아왔을까, 살아 있어도 별수 없구나, 나 같은 건 사라져 버리는 게 낫겠다. 이런 식으로 자신의 존재 자체를 부정하는 젊은이도 있죠.

자신을 지우고 살아온 끝에, 보통으로 평범해지는 데 실패…. 학교에도 가지 않고, 일도 할 수 없으니 나 같은 건 정말 사라져 버릴 수밖에 없다고 생각할 정도로까지 내몰린다면, 이런 비참한 블랙코미디 같은 인생이 있을까요.

착한 아이로 노력해 봐야 무엇이 남을까?

그리고 이렇게 말을 이었습니다.

오늘날의 사회 시스템이 기대하는 역할을 연기하기 위해 자신을 내팽개치고 '착한 아이'가 되어 노력하더라도 시스템은 그 노고를 보상해 주지 않습니다. '착한 아이'로 지내다 손상을 입어 '하자 있는 아이'가 되면 결국 버려질 뿐이니까요. 결코 죽을 때까지 보살펴 주거나 하지 않습니다.

지금의 시스템에서 목숨을 부지하는 데 필요한 기술 혁신에 공헌하거나 흔히 이야기하는 대로 글로벌 무대에서 활약하는 엘리트 집단에 들어가면 어찌어찌 죽는 날까지 좋은 상황이 이어질 수도 있겠지만, 그것이 가능한 사람들은 '유용한' 인재가 될 만한 성능을 갖춘 5%의 사람들 뿐입니다. 나머지 95%는 유통기한이 지나면 언제 배제될지 모른다는 위험을 안은 채 살아갑니다. 우리는 그런 사회에 살고 있지요. 필사적으로 자신을 찍어 누르며 기대되는 '착한 아이'가 된다 하더라도 하자 상품이 되어 배제되면, 가장 소중한 자신이라는 존재를 내버려 둔 채 살아온 까닭에 아무것도 남지 않아요. 희생은 엄청난데 말입니다.

이런 현실을 고려한다면 택해야 할 길은 지금의 시스템에 순응하는 '착한 아이' 노선이 아니라 보다 '있는 그대로'의 자신을 소중히 하면서 자유롭고 솔직하게 자신의 느낀 바, 생각하는 바를 표현하며 살아가는 것 아닐까 합니다. 자신을 사랑하고 자기 자신과 마음으로 상호작용하는 동료들과 함께 말이죠. 지금의 사회에서는 후한 대접을 받지 못하고 딱히 돈도 많이 벌 수 없을지 모르지만, 최소한 자신을 내팽개쳐 둔 채 살아가는 데서 비롯되는 공허함, 쓸쓸함을 맛보는 처지가 되지는 않을 겁니다.

청년들은 연신 '그렇다'고 고개를 끄덕이며 제 이야기를 들어 주었습니다. 한편, 어떤 청년은 "말씀하시는 내용이 야 잘 알겠지만, 역시 '착한 아이' 엘리트가 되어 인정받고 싶다는 바람을 단념하기 힘들다"며 솔직한 마음을 털어놓기도 했습니다. 저는 그 마음을 너무나 잘 이해할 수 있습니다. 청년이라면 더더욱 그렇겠죠.

그래서 살짝 웃음을 곁들인 질문을 던져 보았습니다. "그건 바람이라기보다 미련이라고 하는 편이 더 정확하지 않을까요?" 그러자 청년은 "그럴지도 모르겠네요"라며 생각에 잠겼습니다. 제가 말을 이었습니다.

마음속으로 당신처럼 갈등하는 사람이 무척 많을 거로 생각합니다. 그런데, 주변에 그렇게 갈등하는 자신에 관해 이야기하고 함께 생각해 줄 동료나 어른이 있습니까? 그런 망설임, 갈등을 안고 있는 자신에 관해 이야기하고, 누군가와 더불어 생각할 수 있는 시간과 장場이 없다는 것이 오늘날의 청년들이 처한 결정적으로 불리한 조건 아닐까 합니다. 옛날이 좋았다는 말은 아닙니다만, 제가 청

도란도란 낚시냥~

내가 물컵을
깼지 뭐야

정말?
속상하겠지만 괜찮아~
나는 발톱이 간지러워서
소파 해먹었어~

년이던 시절엔 아직 그런 문제에 관해 친구끼리 이야기할 기회가 있었습니다. 인생관이나 세계관을 나누곤 했죠. 지금도 이런 경우가 없지는 않겠지만, 그 시절에 비하면 무척 줄지 않았을까요? 제가 만나 본 청년들도 그런 경험이 많지 않아 보였습니다.

지금 제가 말씀드린 것처럼 갈등과 고민을 누군가와 이야기하고 나서도 역시 엘리트의 길에 도전해 보고 싶다면, 그 길을 택해서도 좋습니다. 결과적으로 처음의 생각과 다르지 않은 길을 택하게 될지도 모르지요. 그렇다 하더라도 그 문제를 놓고 누군가와 대화하고 생각해 본다면, 그 길에 대해 객관적인 시각 또한 갖게 되겠죠.

그러다 보면 설령 엘리트가 되더라도 강박적으로 '착한 아이가 되어야 한다'고 생각하는 부류와는 조금 다른 사람이 될 수 있을 겁니다. 자신에 대해, 또한 그 자신의 내면에 대해 누군가와 함께 이야기하고 생각할 수 있다는 것. 여기서 '누군가'는 책 속의 문학가이거나 과학자, 사상가, 시인, 종교인도 좋겠지만, 가능한 한 구체적으로 '맞아' 하며 고개를 끄덕여 주거나 '으음' 하고 생각에 잠기는

가 하면, '정말 그럴까?' 하는 의문을 제기하고 '어째서 그렇게 생각해?'라는 질문을 던져 주는 실제의 상대가 좋을 겁니다.

그렇게 이야기를 나누는 가운데 내면의 갈등을 스스로 풀어놓고 거리를 두어 바라볼 수 있기 때문이죠. 자신의 방법론이나 좁은 시야에서 스스로 해방되어 현실이라 생각하는 세계를 객관화해 볼 수 있다는 이야기입니다. 그러다 보면 필요 이상으로 사회 시스템에 적응하고 이해하려는 것으로부터 어느 정도 거리를 둘 수 있게 되지 않을까요.

더욱 적당히, 대충, 형편 봐 가며 오늘날의 사회와 관계 맺기를 하는 겁니다. 그렇지 않으면 사회의 영향으로 바뀔 뿐 사회를 바꾸는 일은 불가능하거든요. 그러니 청년들 스스로 자신에 관해 이야기를 나누면서 같이 생각하는 시간과 장, 동료를 만들어 보시기를 바랍니다. 그런 일이라면 저도 얼마든지 도와드리고 싶어요.

5장

오늘날의 사회 정세와
자기긍정감

1. 특별해지려는 위험한 야망

특별한 존재라는 자기긍정감

'여럿 중 하나'가 아닌 '특별한 존재'라는 자기긍정감을 바라는 마음은 위험한 약점을 안고 있습니다. 자신이 특별한 존재라는 것을 증명하기 위해 종교를 이용하는 이들도 결국 위험한 존재가 되어 버립니다. 자신은 특별한 존재라는 망상적인 믿음을 쓸데없이 조장하는 종교도 위험합니다. 절대적인 신을 받들고, 절대적으로 귀의할 것을 요구하는 교조가 있는 종교는 특히 그런 위험성을 내포한다고 생각합니다.

만약 우리 중에 "나는 '신의 아들'이다. 너희와는 다른 특별한 인간"이라는 말을 아무렇지 않게 하는 사람이 있다면 과대망상을 의심하겠죠. 그러나 '사람은 모두 신의 아들'이라고 말하는 사람이 있다면, 그건 그것대로 이해받을 수 있을 겁니다. 저도 저 자신이 거대한 생명과 이어진 하나의 생명으로 존재한다는 느낌이 있으니까요. 그 거대한 생명을 신이나 부처라고 하는 이가 있다면, 그 또한 이해가 가능할 겁니다.

하지만, 그런 게 아니라 '나만이 신의 아들이고, 남과 다른 특별한 존재'라고 한다면 이야기는 달라집니다. 그런 나르시시스트의 자기애적 발상은 대립과 분쟁을 가져오니까요. 이것이 오늘날 지구에서 일어나는 일입니다.

옴진리교에 들어간 이유

옴진리교의 간부였던 조유 후미히로上祐史浩 씨는 저널리스트 다하라 쇼이치로田原総一朗 씨와의 대화[20]에서 자신이 옴진리교에 끌리게 된 큰 동기가 '여럿 중 하나가 아닌 나' 다시 말해 '세상에서 중요한 역할을 점하고 싶다'는 것이었

---

20 《위험한 종교 구분법危険な宗教の見分け方》, 포푸라신쇼ポプラ新書, 2013. 11.

음을 고백합니다. 여기에는 우선 과거의 성자들처럼 요가 등의 수행을 통해 경전에 쓰일 신비로운 체험, 가치 있는 체험을 했다는 생각이 포함됩니다.

아울러 조유 씨가 옴진리교에 빠지게 된 무엇보다 큰 이유는 이 종교가 세상에 퍼지면 세상 전체가 구원받을 수 있으며, 자신은 그 리더로서의 임무를 수행할 수 있다는 '자존심'을 자극받았기 때문이었습니다. 대담이 진행되던 가운데 조유 씨 스스로 과대망상이었다고 반성하듯이, 옴진리교의 간부가 되었을 무렵 자존심을 자극받아 후일 과대망상이라고밖에 할 수 없는 일을 믿어 버렸다는 것입니다.

즉, 나는 이 세상에서 필요한 존재, 중요한 존재가 될 수 있다는 생각이 그의 자존심을 크게 자극한 것입니다. 조유 씨는 옴진리교에 입교하기 전만 해도 와세다대학교 이공학부를 졸업하고 우주개발사업단에 들어간 엘리트였는데, 그가 그 우주개발사업단에 들어가게 되었던 결정적 목표 또한 '우주 개발에 의한 인류 구제'였다고 합니다.

메시아 콤플렉스

자신을 '구세주'라 믿는 망상에 젖은 감정을 '메시아 콤플렉스 Messiah Complex'라고 하는데, 그것은 자신이 구원받고 싶어서 남을 구원하려는 콤플렉스를 말합니다. 현대 사회에서 여럿 중 하나에 머물면서 잃어버린 자신을 구원하기 위해, 자신이 남을 구원하는 '특별한 존재'라는 '자기긍정감(자존심)'을 획득하는 일은 결국 이 메시아 콤플렉스의 연장선에 있는 심리로 이해될 수 있지 않을까 합니다.

저는 바로 이 대목에 이른바 고학력 엘리트들이 왜 옴진리교 같은 종교에 끌려들어가 '지하철 사린 Sarin 사건' 같은 일을 일으켰을까 하는 의문을 풀 중요한 열쇠가 있다고 생각합니다. 구세주 같은 존재가 됨으로써 '자기 가치를 최대화할 수 있다'는 데 커다란 매력이 있었다는 점이 그것입니다.

특별해지려는 야망이 망상을 낳는다

조유 씨의 이야기 중 무척 흥미를 끄는 것은 사람들을 파멸로 이끄는 망상이 어떻게 태어나 발전하느냐는 점입니다. 진지한 믿음과 망상은 종이 한 장 차이며, 재능과 좋은 머리를 자랑하는 엘리트조차(그보다는 재능과 두뇌를 자랑하는 가운데 '특별한 존재'를 향한 야심이 강해져 자아 비대를 일으킨다고 보는 편이 좋을지도 모르겠습니다) 여럿 중 하나가 아닌 '특별한 존재'가 되려는 야망 때문에 그런 세계로 끌려들어 갈 수 있는 약점이 있다는 사실입니다.

좌선이든, 요가든, 수행이든 그것을 통해 자신이 도를 깨달은 특별한 존재, 담력 있는 특별한 존재가 될 수 있다는 생각으로 임한다면, 거기에는 자아ego가 개입될 수밖에 없으므로 '어때, 나 대단하지!' 하는 증상만增上慢[21]으로 발전할 위험성이 있습니다.

모든 종교에 그런 위험성이 있다고 말하는 것이 아닙니다. 중요한 것은 '나에게 얽매이지 않는' 것으로, '내가, 내가' 하는 자아 비대가 사라져 심정心情이 차분해지는 경지에 드는 것입니다. 지족知足[22]의 경지에서 커다란 마음을 가

---

21 최상의 교법과 깨달음을 얻지 못하고 이미 얻은 것처럼 교만하게 우쭐대는 마음을 뜻하는 불교 용어. −옮긴이

22 지키며 만족할 줄 앎.

진 '대인'이 되는 것입니다. 그런 대인으로 이끌어주는 종교라면 바람직하다고 저는 생각합니다. 이런 종교야말로 자아가 비대해진 오늘의 사회에 필요하기 때문입니다.

여러 사람 중 한 사람인 자신 안의 부처를 보고, 그 안에서 만족하며, 중생들 안에서 부처를 본다. 또한, 모든 생명이 이어져 있음을 알고 다른 생명을 자비의 시각에서 바라본다. 가능하다면 저도 그런 대인이 되고 싶습니다.

특별한 존재를 향한 야망을 가진
국가나 인간은 위험하다

특별한 존재가 되고 싶다는 야심을 품은 인간이 관심을 두고, 그런 인간이 교조가 되어 있는 종교는 위험합니다. 조유 씨도 반성하며 지적했듯, '나는 수많은 인간 가운데 한 사람이자 자연의 일부라는 상대적인 가치관'이 중요합니다. 신비 체험을 한 수행자가 신이나 부처의 비전을 보면, 이내 자기가 그 화신이라고 믿기 시작하면서 '자기 절대화'의 함정에 빠지게 됩니다.

무모하기 짝이 없는 태평양전쟁을 일으킨 사람들도 터

무니없이 무지하고 어리석은 사람들이 아니었습니다. 오히려 당시의 엘리트들이었을 겁니다. 그런데 왜 그토록 무모한 전쟁을 벌였을까요? 그 해답은 조유 씨 같은 엘리트들이 왜 옴진리교에 입교해 '지하철 사린 사건'을 일으켰는지에 대한 의문과 겹쳐지는 부분이 있습니다.

단순화하는 것은 좋지 않겠지만, 그 한 가지 이유는 증상만에 빠졌었다는 겁니다. '일본은 신국神國이다, 그 큰 러시아와 싸웠던 러일전쟁에서도 신풍神風, 가미가제이 불어 이겼지 않은가, 그러니 일본이 질 리 없다.' 그런 망상에 찌들어 우쭐해했던 겁니다. 일본은 '신국'이며 '특별한 나라'라는 균형 잃은 자존심과 우월감이 결국 망상을 만들어 내면서 합리적으로 생각하면 이길 리 없는 전쟁에 돌입하게 되었던 것 아닐까요.

그렇듯 우쭐해 하는 자존심을 공유하는 리더들이 요즈음 다시 일본을 위험한 길로 몰아가는 것 아닐까 걱정입니다. 이와 관련해 독자 여러분의 주의를 환기해 드리고 싶은 것은 '착한 아이'의 심성이 안고 있는 문제입니다. 엘리트 중 상당수는 주변의 기대에 부응하려 노력해 엘리트의 위치에 오른 사람들입니다. 그들은 상사나 권력, 조직의 요구, 기대에 응하고자 하는 '착한 아이' 심성에 지배되고 있을 가능성이 큽니다. 그것이 때로는 위험천만한 임무를 수행하게도 하는 겁니다.

'착한 아이'는 내심 '이건 아니지 않은가' 하는 생각이 있더라도 입 밖에 내지 못하고 조직의 분위기에 휩쓸린다는 약점을 안고 있습니다. 혹은, 그럴 가능성이 큰 것으로 우려되죠. 원자력 발전소를 둘러싸고 이전투구를 벌이는 '원전 이익 공동체'의 엘리트들도 마찬가지고요. 일본을 침략 전쟁으로 몰아간 엘리트들도 그랬을 겁니다. 이런 식의 어리석음이 반복돼선 안 됩니다.

한편, '너를 대신할 사람들은 얼마든지 있다'면서 사람들이 한 번 쓰고 버려지는, 그야말로 '여럿 중 하나', '벌레처럼 하찮은 존재' 취급을 받는 상황에서 자기애와 자존심에 상처 입은 청년이 많습니다. 이런 상처를 아물게 해 주는 과대한 자기긍정감, '특별한 대국大国의 일원'이라는 '거대 담론'에 그들이 휩쓸릴 위험이 클 것이라는 우려를 떨칠 수 없습니다.

이웃 나라를 멸시하고 욕보이며 부정하는 것으로 자국의 우수성을 과시하려는 자기애적인 마음도 같은 맥락이겠죠. 그런 의미에서 우리도 모르는 사이에 공유되어 있을지도 모를 이런 심리에 비추어 다시금 오늘날의 사회 정세와 과거 무모한 전쟁에 돌입했던 앞 세대의 행위를 비판적으로 바라보는 일이 대단히 중요하지 않을까요. 오늘날 사회 정세는 누구도 외면하기 힘들 정도로 긴박한 단계에 와 있다고 저는 생각합니다.

2. 우월한 나라, 국가주의의 꼼수

세계에 유례없는 특별한 나라라는 자기긍정감

〈아사히신문〉 조간(2013년 11월 27일 자) 1면에 '특정 비밀 보호 법안'이 강행 체결되었다는 기사가 걸려 있었습니다. 그리고, 15면 오피니언opinion 란의 '이제 정치를 이야기하자' 코너에 '우리 안의 천황제天皇制'라는 제목으로 영화감독이자 작가인 모리 다쓰야森達也 씨의 인터뷰가 실렸습니다. '청년들 사이에 형성된 강한 터부 의식, 좌파에게도 의존 감정'이라는 부제가 달려 있었는데요. 여기서 '자기긍정감'이라는 말이 등장했던 부분을 소개하겠습니다.

기자는 묻습니다. "천황제에 별로 관심이 없는 젊은 세대가 늘어나면 상황이 많이 달라지지 않을까요?" 이 질문에 모리 씨는 다음과 같이 답했습니다.

저도 그렇게 생각했습니다만, 이번에 현실이 좀 다르다는 것을 알게 되었습니다. 남녀노소를 불문하고 일본인들은 '만세일계万世一系'23라는 거대한 이야기를 좋아하잖아요. 일본이 세계적으로 유례를 찾아볼 수 없는 특별한 나라라는 인스턴트instant 자기긍정감을 던져 주기 때문입니다. 천황제는 선민사상을 유발합니다. 이 나라가 근대화를 이룬 원동력 중 하나는 다른 아시아 국가들에 대한 멸시이자 우월감이었으며, 패전 후에도 이런 감정이 지속해왔습니다. 그런 까닭에 두 번이나 원폭이 떨어지고, 수

23 일본 황실의 혈통이 단 한 번도 단절된 적 없다고 주장하는 견해. ─옮긴이

도는 잿더미가 되어 무조건 항복을 선언했음에도 몇 십 년 뒤에는 세계 제2위의 경제 대국이 되었다고 할 수도 있겠지요. 확실히 기적적인 일이기는 했습니다. 그러나 GDP(국내총생산)는 중국에 추월당하고, 근대화의 상징이 던 원전에서도 사고가 일어나 일본은 앞으로 틀림없이 다 운사이징downsizing 시대에 들어서게 될 겁니다. 하지만, 이 것을 인정하고 싶지 않은 거죠. 아시아의 '여럿 중 하나' 가 되는 것을 말입니다. 몰래 키워 온 아시아 국가들에 대한 우월감을 아무래도 중화시킬 수가 없는 겁니다. 이 '현실'과 '감정'의 삐걱거림이 지금 헤이트 스피치hate speech 나 '만세일계' 신화의 주역 덴노天皇[24]에의 호감과 기대로 나타나는 것 아닐까요.

자학사관과 자기긍정감

다시 말해, 전후에 쌓아올린 경제 성장이 가져온 번영

---

[24] 이 책에서는 일왕日王을 '왕 중의 왕'이 아닌 일본 고유의 민족 신앙인 '신도神道의 수장'을 의미하는 고유명사로 취급해 일본어 독음에 따라 표기하기로 한다. —옮긴이

과 영광에 그늘이 드리워진 현재의 일본, 넘버원이었던 일본이 아시아의 여럿 중 하나로 영락하고 있는 겁니다. 그런 일본이 옛날 같은 긍지와 우월감을 되찾기 위해 만세일계라는 거대한 이야기를 가진 '특별한 나라'라는 자기의식을 가짐으로써 순간적인 자기긍정감을 손에 쥐려는 것 아닐까. — 이것이 모리 씨가 갖는 의구심 아닐까 하고 저는 생각합니다.

한편, 〈아사히신문〉의 '목소리'란에는 작가 이토 히로시伊藤浩士 씨의 '자학사관, 말을 꺼내는 것 자체가 잘못'이라는 제목의 투고가 실렸습니다. 대다수 교과서가 자학사관의 입장에서 편향적으로 기술했다는 구실로 교과서 검정 기준이 개정되려는 현실에 위기감을 느껴 투고한 글이었습니다. 이토 씨는 투고에서 다음과 같이 썼습니다.

자학사관은 과거에 언제나 일본이 올발랐다고 말하고 싶어 하는 사람들이 정치 선전을 위해 만들어 낸 말이며, 이 말을 사용해 교과서 검정의 개정을 요구하는 자체가 잘못된 것이다. 현행 교과서가 자학사관에 기초해 있다고 공격하는 사람들은 일본 근대사에서 구□ 일본군의 잔학 행위를 보여주는 기록과 증언이 중국과 한국의 날조라는 주장을 내세운다. … 자학사관에 대한 이런 비판이 교육의 장으로 들어온다면 단지 보수층을 만족시키기 위해 만들어진 일본무류日本無謬(일본은 어떤 오류도 범하지 않았다)의 신화가 근대사라는 이름으로 학교에서 가르쳐지게 되지 않겠는가.

저는 이런 우려가 너무나 잘 이해됩니다.

'세계에 하나뿐인 신의 나라'에서 어디로?

국정 교과서 《착한 어린이(하)》(수신修身 1941년 판)에는 다음과 같은 기술이 있습니다. "일본은 좋은 나라, 깨끗한 나라. 세계에 하나뿐인 신의 나라. 일본은 좋은 나라, 강한 나라. 세계에 빛나는 위대한 나라." 또, 국정 교과서 《초등 도덕初等科修身 2》(1942년)를 보면, "대일본은 신의 나라다. 신이 이 나라를 개국하고, 아마테라스오오미카미天照大神[25]께서 덴노의 보위가 오랜 세월 번영케 하라셨다. 이는 오직 우리나라에서만 있었던 것으로, 다른 나라에서는 전혀 없던 일이다"라고 적혀 있습니다.

이것은 일본이 세계의 '온리 원', 특별한 국가임을 선언하는 말로서, 이 사상이 국정 교과서를 통해 아이들에게 주입되었습니다. 그 결과가 어떠했는지는 이미 역사가 증명하고 있습니다.

일본의 패전 후 주권재민·기본적 인권 존중·평화주의를 기본 원칙으로 하는 평화헌법 아래서 당시까지 '살아있는 신'으로 떠받들어지던 덴노는 '인간'이자 '상징'의 자리로 내려왔습니다. 하지만, 아직도 정권 내에서 옛 영광을 잊지 못하는 이들이 대국주의에 대한 미련을 버리지 못하고 애국심을 내세우며 국가주의의 길로 되돌아가려 하고 있습니다.

한편, 이 정권이 가진 또 하나의 얼굴인 '세계에서 제일 기업하기 좋은' 나라 만들기 정책하에서는 노동자와 종업원에게 드는 비용을 최대한 삭감하고, 언제든 해고할 수

25 일본 황실의 조상이라 여겨지는 태양의 여신 —옮긴이

있도록 법률이 정비됨에 따라 수많은 청년이 '너를 대신할 사람은 얼마든지 있다'는 말을 들으며 일회용품처럼 쓰고 버려지는 사태가 심각해지고 있습니다. 그렇게 소위 '보통', '평균'조차 되지 못하는 청년들은 '난 끝났다', '이런 나는 사라져 버리는 게 낫다'는 '존재 부정' 상황으로까지 내몰리는 현실입니다.

하지만, 국민이 자신과 나라를 사랑할 수 있으려면, 헌법 제13조[26]에 규정되어 있듯, 한 사람 한 사람이 '소중한

---

26 헌법 제13조 '모든 국민은 개인으로서 존중받는다. 생명, 자유 및 행복 추구에 대한 국민의 권리에 관해서는, 공공의 복지에 반하지 않는 한 입법, 그 외의 국정에서 최대의 존중을 필요로 한다.' 이 13조에서 '개인으로서 존중받는다'(개인의 존중)라는 조항·문언은 '인간의 존중', '개인의 존중' 등의 개념과 직결되는 것으로, 헌법학자들 사이에 논의가 활발합니다. 예컨대, 다음과 같은 설은 오늘날의 아이들·청년들의 현실에 직접적으로 맞닥뜨리는 저 같은 사람에게 무척 공감을 불러일으키는 부분이 있습니다. - '존엄'을 인정받는 '인간'이란 어떤 존재일까? 각각의 구체적 개인에게는 '인간 일반으로서의 자신'과 '유일무이한 존재인 자신'이 함께 존재한다. 여기서 존엄을 인정받는 대상은 자신 안에 있는 인간 일반이라는 관념이 아니라 어떤 기준에 맞추어 잘라 낼 수 없는 '유일무이한 존재인 자신'이다. '개체로서의 나'는 이성이나 정신적 능력 유무, 성숙성만으로 규정되지 않는다. 반드시 '강인한 사람'이 아니어도 상관없다는 것이다. 일본국 헌법 13조의 '개인 존중' 조항은 이상적인 모습으로 파악되는 인간이 아니라 있는 그대로의 인간의 '소중함'을 권력으로부터 지키는 것을 원리로 정하고 있다. 하지만, 이것이 미이즘meism(자기중심주의)을 의미하지는 않는다. 개인의 '소중함'은 '타자와의 교류를 통해 인식되고 형성'되기 때문이다. '소중함'은 각각의 모든 사람에 대해 인정되는 것으로, 그 사람의 '소중함'은 타자의 '소중함'을 인정하는 것과도 연결되어 있다. 아오야기 코이치青柳幸一, 《헌법의 인간존중憲法における人間の尊厳》, 쇼가쿠샤

개인'으로 존중받으며 살아갈 수 있는 존재 기반과 기회가 주어지는 사회, 또한 그런 사회를 제공해 주는 국가를 지향해야 하지 않을까요.

　이것이야말로 진정 국가가 나아가야 할 길일 텐데, 어쩐지 지금의 일본 정권은 청년·서민들의 역경에 역수를 두면서 자신들이 생각하는 길로 끌고 가려는 것으로밖에 보이지 않습니다. 구체적으로 말하면, 대기업에만 일방적으로 힘을 실어 주며 비정규 고용을 늘려 사회에서 청년들의 존재 기반과 기회를 빼앗고, '세계의 평화와 안전을 지키기 위해서'라는 핑계로 '피 흘리는' 것조차 불사하는 '훌륭한 대국' 일본을 만들겠다는 생각입니다. 이를 위해 그들은 자신을 '훌륭한 대국의 국민'이라 여기는 관제의 '자기 긍정감'마저 만들어 내려 하고 있습니다. 꼼수를 써서 그들 스타일의 '세계의 대국 일본'이라는 거대한 이야기 안으로 청년들을 유인하려는 것입니다.

尚学社, 2009, 168쪽.

3. 다양성을 존중하는 성숙한 글로벌리즘

'커다란 것이 좋은 것'이라는 가치관

'랭킹 내셔널리즘ranking nationalism'이란 '글로벌'이라 불리는 얼마간의 기준에 비추어 볼 때, 일본이 타국을 능가한다며 일본을 자랑스럽게 생각하고 타국에 대해 우월감을 느끼는 내셔널리즘을 가리키는 신조어입니다.[27]

이는 유감스럽게도 글로벌리즘globalism에 오염된 내셔널리즘이지, 세계 여러 나라의 다양성과 가치의 차이를 존중하는 본래의 내셔널리즘이 아닙니다. 각자 태어난 시기에 따라 친밀도를 더해 가며 애착을 갖게 된 것들을 존중하는 것. 이것이 자연스럽고 건강한 내셔널리즘이죠. 다시 말해, '있는 그대로 괜찮다' 식의 내셔널리즘이 건강한 내셔널리즘이라고 봅니다.

하지만, 랭킹 내셔널리즘은 세계 여러 나라를 같은 하나의 척도(현대 자본주의 체제에서는 '돈'이라는 척도)로 따지고,

---

27 나카노 다케시中野剛志 외 지음, 《온전한 일본 재생 회의まともな日本再生会議》, 애스펙트アスペクト, 2013.

그 결과에 따라 '넘버 원'이 되면 자국에 긍지를 갖는 것입니다. 저는 이런 '유치한' 내셔널리즘은 정말 사양하고 싶습니다.

심리학에는 이런 이론이 있습니다. 초등학교 1학년 무렵부터 '계열화'의 힘이 생겨나 예컨대 크기가 다른 동그라미를 가장 작은 것부터 가장 큰 것까지 순서대로 나열하기가 가능해진다는 겁니다. 한 가지 척도에 따라 일등부터 차례로 늘어놓는 거죠. 이것이 계열화의 힘입니다. 그 힘이 싹트면 아이들의 마음 상태에도 커다란 영향을 줍니다.

즉, 그 무렵의 아이들은 '큰 것이 좋은 것'이라는 가치관을 갖고 살아가게 됩니다. 보육원이나 유치원에서는 못 했던 것을 초등학교에 올라가면서 할 수 있게 되고, 이를 통해 자신의 성장·발달을 관찰하게 되는 것입니다. 이전에는 할 수 없던 '철봉 거꾸로 오르기'를 초등학교에 올라가 연습해서 할 수 있게 되었다, 이것을 자신의 성장·발달로 보게 됩니다. 이것이 초등학교 진학 무렵 아이들이 갖는 특징입니다.

따라서 그 무렵 아이들이 '큰 것이 좋다'는 가치관에 근거해 경쟁을 벌이면서 각각 죽방울 놀이, 달리기, 피구, 공부 등에 절차탁마해 힘을 기르고 성장하는 것은 무척 바람직합니다. 그렇게 노력하게 되는 것도 그 무렵 아이들에게 커다란 성장의 증거라 할 수 있거든요. 하지만, 그와 더불어 단 하나의 척도만이 아닌 여러 다양한 척도에 눈을 돌리는 것 또한 아이들의 성장에 무척 중요하다 하겠습니다.

'어른'의 글로벌리즘

그런 아이들의 성장·발달을 관찰했던 관점에서 앞서 말한 랭킹 내셔널리즘의 세계를 보노라면, 저는 이것이 초등학교 저학년 아이들의 경쟁과 도대체 무엇이 다를까 하는 생각에 제 눈을 의심하지 않을 수 없습니다. 물론, 일본 사회도 '큰 것이 좋은 것'이라는 표어를 내걸고 고도 경제 성장을 거쳐 온 시기가 있었습니다. 그리고 그 표어 아래 대량 생산, 대량 소비의 소비 사회를 만들어 냈습니다. 그 그늘에서 어느 정도 편리하고 풍요로운 생활을 영유할 수 있었죠.

하지만, 편리함과 풍요함을 얻은 이면에 우리도 모르는 사이 '성숙한 인간성'을 잃어버린 것 아닐까요. 다시 말해 '어른의 마음'을 잃어버리지 않았느냐는 것입니다. 인간적으로 성장하기는커녕, '좀 더 줘', '당장 내놔', '다 내 거야', '최고가 되고 싶어' 같은 심성에 지배받는 '유아로 돌아간 어른들'의 모습 말입니다. 만약, 인류가 다시 아기로 돌아가 유아적인 심성으로부터 재출발해 1년생부터 순위나 서열을 매긴다고 가정한다면 그나마 성장이나 가치를 따지는 척도를 다양하고 풍부하게 하는 것이 일본을 비롯한 세계 여러 나라의 과제가 될 테지만요.

세계에는 다양한 바람직함의 기준이 있으므로 나라마다 서로 다른 가치관이 존재합니다. 그런 각자의 가치관을 지키려는 것이 바람직한 내셔널리즘의 모습이겠죠. 내셔널리스트는 내 나라가 객관적으로 세계 1등이라서 자부심을 느끼는 게 아니라 내게 있어 가장 좋은 나라이기 때문에 자부심을 느끼는 겁니다.[28]

만약 세계의 나라들이 서로 간의 거리와 시간을 줄여 긴밀한 관계를 맺는 것을 내셔널리즘이라 한다면, 그런 각 나라의 특색이나 가치관을 서로 존중하고, 가치의 척도를 더욱 깊고 풍부하게 만드는 것이 진정한 의미의 글로벌 사회를 만드는 방법이 될 것입니다. 그런 사회는 지역성, 즉 로컬local 사회 성원들의 편안한 삶을 존중하는 가운데 각 지역을 조명하지 않으면 실현될 수 없을 것입니다. 그야말로 어른의 글로벌리즘이라 할 수 있겠죠.

이런 시각을 우리 사회로 가져와 보면, 재정의 효율화라는 핑계로 도주제道州制[29] 등 지자체 단위 확대를 노리는 정책은 주민과 가깝고 융합하기 쉬운 지역을 해체하고, 몸집이 큰 기업만 활개를 치는 지역을 만들어 지방에서 각각의 특색을 빼앗으려는 움직임으로 보입니다.

---

28   앞의 책.

29   홋카이도 이외 지역에 몇 개의 주를 설치하고, 이러한 도주道州에 현재의 도도부현 都道府県 수준을 넘어선 광역 행정 구분을 해 더 강한 지방 자치권을 주자는 구상. ―옮긴이

강자가 약자에게

규칙을 강요하는 글로벌리즘

오늘날의 글로벌리즘 실태는 각 나라나 지역의 특색을 소중히 하고 키워가는 방향이 아닙니다. 아이들이 성장·발달해 갈 때는 단계에 맞춰 달성해야 할 과제가 있습니다. 인류 발전의 과도기 문제에 대해 "비교적 뒤처진 경제 단계에서 출발해 자립하고 성숙한 경제를 가지기 원한다면, 어떻게든 해결해야 할 문제와 과제가 있습니다. 그것은 공업 발달로 민중의 일상적 수요를 충족하는 소비 수단뿐만 아니라 그것을 생산하는 생산 수단도 주요한 부분은 자기 부담으로 생산하는 체제를 만들어 두지 않으면, 경제적 주권의 기반을 만들어 낼 수 없다는 것입니다"라고 지적한 후와 데쓰조不破哲三[30] 씨의 말은 무척 의미심장합니다.

그 나라의 경제적 자립을 존중한다면, 당연히 기본적 생산 수단·공장·설비 등을 그 나라가 직접 자비로 만들

----

30 일본의 진보적 사상가이자 정치가(1931~). 인문·사회과학 분야 유명 저술가이기도 하며 폭넓은 독자층에 사랑받고 있다. ─옮긴이

어 내도록 해야 합니다. 그것이 만들어지지 않아 경제적으로 약자의 처지에 있는 나라에 다국적 기업이 진출해 자기들의 규칙을 강요하며 경쟁할 경우, 그 나라의 경제와 문화 발달에 장애가 될 것이 뻔하기 때문입니다.

아이들 노는 곳에 어른이 나타나 어른이 가진 기술의 힘을 비롯해 가능한 도구나 규칙을 강요한다면, 놀이를 통해 성장하는 아이들의 온전한 발달이 이루어지지 못하는 것과 마찬가지입니다. 아이들이 성장하고 제대로 발달하기 위해서는 아이들의 주요한 놀이와 활동에 필요한 도구와 기술 그 자체를 아이들 스스로 생산하는 것이 중요하다는 이야기입니다.

과거가 좋았다는 소리는 아니지만, 예전에는 아이들끼리 어울려 놀며 자라는 '다연령 집단'이 있었습니다. 그리고 어린이들이 자기보다 더 어린 아이들에게 전수하는 놀이 문화가 건재했죠. 고도 경제 성장기 이후 지역에서 다연령 집단과 놀이 문화가 자취를 감춘 틈을 타 '인베이더 Space Invader' 게임을 필두로 어른들이 만든 상품으로 제공되는 '놀이 도구'가 말 그대로 아이들의 세계를 '침략'하기 시작했습니다.

저는 아직 키가 엄마의 허리에 닿지도 않는 어린아이가 엄마 곁에서 스마트폰 게임을 즐기는 모습에서 그 극한의 예를 발견합니다. 이런 일이 당연한 일처럼 통용되는 우리 사회가 어쩐지 무섭게 느껴지는 것은 저뿐일까요. 이렇듯 어른이 만든 놀이를 어린 시절부터 '소비하는' 활동만으로 아이들이 제대로 성장·발달해 진정한 어른으로 성숙하고 자립할 수 있을까요?

이는 우리 어른들이 생각해야 할 중요한 과제입니다. 또한, '글로벌 인재 양성'을 주요 목표로 설정한 '교육 개혁'의 옳고 그름을 따져 볼 때도 대단히 중요한 문제의식이 되지 않을까 합니다. 인격의 기초를 형성해야 할 유아기가 이런 모습인데, 무슨 글로벌 인재입니까. 일본의 어른들은 도대체 무슨 생각인지 모르겠습니다.

4. 우리 모두가 과거를 이어받지 않으면 안 된다

바이츠제커의 연설

과거에 눈감은 자는 결국 현재도 볼 수 없게 됩니다. 인간적인 행위를 마음에 새기려 하지 않는 자는 다시 그런 위험에 빠지기 쉬운 것입니다.

아마 아시는 분도 많을 겁니다. 2015년 1월 서거한 바이츠제커Richard von Weizsacker[31] 전 독일 대통령이 재임 당시이던 1985년 5월 8일, 독일 패전 40주년을 맞아 연방의회에서 했던 유명한 연설의 한 구절입니다. 이 연설은 당시 큰 감동을 자아내며 국내외의 공감을 끌어냈는데, 이후 약 두 달 사이에 학교와 개인에게 배포된 텍스트가 90만 부, 대통령 앞으로 도착한 편지만 4만 통에 달했다고 합니다.

오늘날, 우리가 승리의 축전에 함께해야 할 이유는 조금

---

31   나치 독일의 책임과 반성을 촉구해 '독일의 양심'이라 불리던 독일의 6대 대통령.
      1920~2015.

도 없습니다. 그렇지만, 1945년 5월 8일은 독일 역사에 존재했던 그릇된 흐름(나치스의 폭주)의 종점이었고, 여기서 더 나은 미래를 향한 희망의 싹이 보전되었다고 볼 이유는 충분합니다. 5월 8일은 마음에 새겨야 할 날입니다. 마음에 새긴다는 것은, 어떤 사건을 스스로 내면의 일부가 되도록 정성스럽고도 순수하게 상기하는 일을 말합니다. 이를 위해 우리 스스로 진실을 요구하는 것이 가장 필요합니다. … 오늘, 한 사람 한 사람 자신이 상대와 어떻게 관계 맺고 있는지 조용히 자문해 보았으면 합니다.

바이츠제커 씨는 집단 속에 매몰되어 그 안에 숨어 버릴 게 아니라 한 사람 한 사람이 자문해 볼 필요가 있다고 지적합니다. '나는 몰랐다, 알지 못했다'로 끝나는 것이 아닙니다. '그때 당신은 뭘 했느냐'가 문제라는 겁니다. 오늘날 우리 한 사람 한 사람도 같은 질문에 직면해 있다는 것을 알고 있습니까? 집단과 번영에 매몰되어 주변의 공기에 부화뇌동하고, 이것을 애매한 상태로 놓아둔 채 물 흐르듯 휩쓸려 살아가고 있지는 않나요?

죄의 유무나 세대를 불문하고 우리 모두가 과거를 이어받지 않으면 안 됩니다. 다들 과거로부터의 귀결과 관련되어 있고, 책임이 있습니다. 마음에 새기는 일이 왜 이렇게까지 중요한지 이해하기 위해 세대를 뛰어넘어 서로를 돕지 않으면 안 됩니다. 또한, 도울 수 있습니다.

문제는 과거를 그저 흘려보냄으로써 털어 버리지 못한다는 것입니다. 안녕이라는 말로 끝나지 않는 거죠. 훗날 과거를 바꾼다거나 애초부터 없었던 일로 치부할 수는 없습니다.

'새역모'의 움직임과 자기긍정감의 남용

이 바이츠제커 연설과 정반대의 길로 이 사회를 오도하려는 움직임이 급류처럼 우리 사이를 파고들려 합니다. 이와 궤를 같이하는 것이 새역모의 준동입니다. 그들은 지금도 각지의 의회와 교육위원회에 영향력 행사를 꾀하며, 자신들이 만든 교과서 채택 사례를 늘리기 위한 운동을 전개하고 있습니다.

'새역모'의 공식 웹사이트에는 〈알고 있나요? '새로운 역사교과서를 만드는 모임'의 교과서 개선 운동〉이라는 소개가 있습니다. 미션mission에는 '어린이들과 일본의 명예를 지킨다'고 적혀 있죠. 그리고 다음과 같은 내용이 이어집니다. "여러분의 가정에서 자녀들이 학교에서 쓰는 교과서를 보신 적이 있으십니까? 난징대학살, 종군위안부 … 지금, 전국의 학교가 채택하고 있는 역사 교과서의 대다수는 있지도 않은 이야기를 잔뜩 늘어놓아 과거의 일본을 깎아내리는 것들뿐입니다. 그리고 올해 들어 종군위안부 문제가 드디어 국제적으로 그 존재를 드러내기 시작했습니다. 이래서야 아이들이 자신의 나라에 긍지를 갖고 건전하게 성장할 수 있겠습니까."

예전에 이 나라가 일으킨 전쟁들이 침략 전쟁이었음을 인정하고 난징대학살이나 종군위안부를 기록한 역사 교과서를, 새역모는 이전부터 '자학사관'에 기초한 교과서라며 비난하고 공격해 왔습니다. 저는 이미《살아가는 것과 자기긍정감》에서 그들의 생각을 비판한 바 있는데, 여기서 그 내용을 소개하겠습니다.

새역모의 어느 지부에서 지역 교육위원회에 제출한 요망서에 다음과 같은 내용이 적혀 있었습니다. '이지메, 교실 붕괴, 비행 증가 등 아이들이 정신적으로 황폐화되는 근본 원인은 진정한 자존심(일본인으로서의 프라이드)을 기를 수 없어서다.'

또, '새역모'는 2000년 8월 1일 자로 《교과서 채택에 관한 Q&A》라는 책자를 만들어 국회의원 등에 배포했습니다. 거기에는 'Q⑧ 교실 붕괴와 등교거부 등이 역사 교과서와 어떤 관계가 있을까?', 'A 교실 붕괴는 아이들의 질서 감각 붕괴에서 비롯된다. 건전한 자기긍정감을 가지고 있지 않은 아이들이 등교거부를 하게 된다. 질서 감각도 자기긍정감도 자신이 타인 및 사회와 제대로 연결되어 있고, 역사에 의해 지탱되고 있다는 자각에 따라 비로소 생겨나는 것이다. 그렇기 때문에 교실 붕괴도 등교거부도 역사 교과서와 깊이 관계되어 있다. 이것은 상식이다'라는 내용이 적혀 있습니다.

그들의 견해에 따르면, 자학적 교과서로 가르치기 때문에 아이들이 나라에 대한 긍지를 갖지 못하고, 국민으로서의 긍지(새역모 류의 '자기긍정감') 또한 갖지 못하게 된다, 그것이 원인이 되어 교실 붕괴와 등교거부가 일어난다는 겁니다. 그러니 그들이 말하는 '새로운 역사 교과서'로 가르쳐 '일본인으로서의 긍지(자기긍정감)'를 되돌려 주면 교실 붕괴도 등교거부도 사라진다는 주장입니다.

뒤틀린 자기긍정감

저는 이런 견해를 처음 접했을 당시 눈알이 튀어나올 정도로 놀랐습니다. 그들에게도 그들 나름의 역사관이 있을 테고 역사 교육에 대한 생각도 있을 테지만, 난징대학살과 종군위안부에 관해 기록한 교과서로 가르치기 때문에 나라에 대한 긍지를 갖지 못하고, 그 탓에 자기긍정감(긍지)이 결여되어 교실 붕괴와 등교거부가 일어난다는 핑계는 솔직히 전혀 이해할 수 없었습니다.

제 임상 심리 경험에서 태어난 '자기긍정감'이라는 말을 이런 식으로 사용하는 사람들이 있다는 사실을 확인하니 소스라치게 놀라지 않을 수 없었습니다. 논란의 여지 자체가 없는 역사적 사실로부터 도망칠 것이 아니라 자신의 두 눈으로 끝까지 확인한 뒤 현재와 미래를 응시하라고 가르치지 않는 나라가 국민에게 진정한 긍지를 심어 줄 리 없습니다.

제가 말하는 '있는 그대로 괜찮다'는 자기긍정감은 여럿 중 하나라 할지라도 둘도 없이 소중한 인생을 살며, 기쁨도 괴로움도 경험한다는 생각 속에 '나의 모자라고 약한 부분, 잘못까지도 안고 살아가는 존재다. 이런 나를 있는 그대로 받아들이고 함께 살아가자'는 것입니다. '일본이 벌인 전쟁은 아시아 해방을 위한 것이었다' 같은 자기기만적 자아도취에 나를 투영하고, 나는 거대하고도 '특별한 존재'라면서 자만심을 갖는 '뒤틀린' 자기긍정감과 다릅니다. 우리 아이들이 자기기만에 기댄 자기긍정감을 기르는 일 따위는 절대 바라지 않기 때문입니다.

5. 복종을 좋아하는 권력의 비밀

비밀이 있는 국가와 가정

일본 사회에는 지금 안심감을 손상하는 정치의 커다란 흐름이 엄습하고 있습니다. '특별비밀보호법'이라는 불안의 씨앗이 뿌려졌기 때문입니다. 언제 권력의 비밀을 접했는지조차 모르는 상태에서 체포되고 재판에 부쳐질지 모른다는 우려를 지울 수 없습니다. 권력으로부터 저 멀리 떨어져 있는 우리와 무관하다고 생각하고 싶지만, 아무래도 단지 그것만으로 끝날 것 같지는 않아 보입니다. 위로부터의 감시와 압박은 반드시 아래까지 내려오게 되어 있으니까요. 교사에 대한 압박이 학생들에게까지 파급되는 것처럼.

사춘기 아이들의 비밀은 부모들이 모르는 자신들만의 세계를 가지고, 자신들만의 성채를 쌓아 부모로부터 독립하는 중요한 근거가 됩니다. 하지만, 권력의 비밀은 사람들을 지배하기 위한 도구일 뿐입니다. '(지배자에게 불리한 것은) 백성에게는 일체 알리지 말 것이며, 다만 복종시킬 따름'이라는 말처럼 권력의 상투적인 수단이었습니다. 혹시라도 이런 비밀을 접하게 되었다가는 큰일 날 것 같다는 두려움이 자유를 느끼거나 자유롭게 입을 열어도 된다는 안심감을 손상하는 겁니다. 자칫 가정에까지 긴장감이 흐르는 불온한 분위기가 조성될 수도 있습니다. 아이들은 이런 비밀의 정체를 알 수 없으니까요.

하지만, 부지불식간에 그 불온한 분위기가 피부로 느껴질 수는 있습니다. 그러므로 혹시라도 내가 비밀을 접한 것은 아닌지 자기 점검을 하고, 신경을 곤두세우며 자신을 감시할 수밖에 없게 됩니다. 자신이 발 딛고 선 곳에 자유롭고 솔직하게, 그리고 자연스레 섞여 들어가 교류할 수 있다는 안심감을 빼앗겨 버리는 겁니다.

예컨대, 평소 점잖던 아버지가 느닷없이 지뢰라도 밟은 것처럼 폭발해서는 분통을 터뜨리며 날뛴다고 해 보지요. 그런 가정에서 아이는 늘 아버지가 언제 분통을 터뜨릴지 모른다는 불안을 안고 살아가게 됩니다. 지뢰의 소재를 파악할 수가 없으니까요. 그러니 아이는 항상 아버지의 눈치를 보며 두근거리는 느낌에 사로잡혀 있을 수밖에 없죠.

이런 가정에서는 안심하며 지내도 좋다는 존재 수준의 자기긍정감을 기를 수 없습니다. 특별비밀보호법은 국가 수준에서 이러한 사태를 일으키는 것 아닐까 하는 의구심을 자아내기에 충분합니다.

권력의 입장에서 '편리한 아이'

그런 국가나 가정에서는 권력(부모)을 불편하게 하는 비밀을 건드리지 않는 것이 '착한 아이'의 조건이 됩니다. 또한, 사람들은 늘 권력(부모)을 불편하게 하지 않는 착한 아이인지 감시당하게 됩니다. 그것이 어느새 국민(가족들) 사이에 내면화되어 스스로 착한 아이가 되려고 노력하게 됩니다. 근대적인 권력에 의한 관리입니다.

착한 아이라면 잘 활용해서 유리한 입장에 놓이게 해주는 권력. 즉, '사탕'을 쥐여 주며 착한 아이로 활용하는 겁니다. 이 권력의 관리하에 살아가던 인간은 자신이 권력에 의해 지배, 관리당한다는 자각마저 잃어버립니다. 오히려 자신의 자유 의지로 노력해 착한 아이가 되었다고 믿기에 이릅니다.

근대 이전의 권력은 '내 말을 듣지 않으면 죽인다!'며 노골적으로 위협해 따르게 하는 야만적인 것이었습니다. 명백하게 '채찍'으로 말을 듣게 하는 권력이었죠. 따라서 채찍에 맞는 당사자도 '위협당한다'는 자각이 있었습니다. 즉, '착한 아이'에는 두 종류가 있습니다. 채찍에 위협당해 어쩔 수 없이 착한 아이가 된 경우와 사탕으로 유혹당해 부지불식간에 착한 아이가 된 경우 말입니다.

따라서 두 종류의 지배를 받는 착한 아이가 있다는 이야기가 됩니다. 우리 사회는 이 둘 중 어느 권력이 지배하는 사회일까요? 어느 쪽이든 그런 착한 아이에게는 '있는 그대로 괜찮다'는 근본적 안심감이 없습니다. 자신이 '존재' 수준에서 자신의 자리를 지켜도 괜찮다는 마음이 없는 겁니다. 늘 지배자·권력자의 입장에 부합하는 '착한 아이'의 역할을 다하고 도움이 될 만한 일을 해야 자신의 자리를 지킬 자격을 얻으니까요. 그러니 자유롭고 솔직하며 자연스럽게 그 자리에 섞여 들어가 타자와 교류할 수가 없습니다.

언제나 자신이 '바른 일'을 하고 있을까 '적절한 역할'을

착한 아이가 되려고
노력하지 않아도 괜찮아~

그럴 맘
없었는뎅..

하고 있을까를 자기 점검하고, 자신이 자신을 감시합니다. 인간은 사회 안에서 살아가기 때문에 공적인 일과 관련해 부여된 임무를 수행하지 않으면 안 되는 세계가 존재할 수는 있습니다. 그러나 '착한 아이'는 사적인 세계에서도 그 역할로서밖에 살아가지 못합니다. 그런 습성이 몸에 배어 버리기 때문입니다.

인간도 사회적 존재이기 이전에 생명체이며, 살아있는 인간으로서 '역할'을 벗고 타자와 접촉함으로써 인생의 기쁨과 묘미를 느낄 수 있습니다. 그러나 '착한 아이'라는 틀에 사로잡혀있는 사람은 그 인생의 기쁨과 묘미를 자유롭게 맛볼 수가 없지요. 그러니 왠지 삶도 힘겨운 겁니다.

6. 세상이 우리를 바꾸지 못 하도록

충격의 영화

얼마 전 〈도가니〉(2011)라는 영화를 보았습니다. 충격적이었어요. 실화를 바탕으로 한 한국 영화로, 아시는 분도 많을 것 같습니다. 분노하지 않고는 볼 수가 없는 영화죠.

청각장애인 복지시설학교의 입소 아동에 대한 성적 학대가 발각됩니다. 그래서 시설과 경찰, 법원, 심지어 지역 사회까지 한통속이 되어 은폐를 시도했던 전말을 영화로 만든 것이었습니다. 도가니라는 제목을 쓴 것은 위선과 도착의 도가니라는 의미를 담으려는 의도였을까요.

내용을 조금 살펴보겠습니다. 은사의 소개로 그 학교에 새롭게 부임한 미술 교사 인호(공유 분)는 충격의 현장을 목격하고 고발합니다. 주인공 인호가 해변에 앉아 피해자인 아이에게 '세상에서 가장 아름답고 소중한 것은 들을 수도 볼 수도 없습니다. 오직 마음으로만 느낄 수 있습니다'라며 수화로 이야기해 주던 장면이 마음에 남습니다. 학대는 그 마음을 굳게 닫아 버리게 하지요.

인호는 인권센터에서 일하는 젊고 용기 있는 여성인 유진(정유미 분)과 힘을 합쳐 법정에 선 아이들을 돕습니다. 이 법정에서 이루어지는 수화를 사용한 대화는 영화에 리얼리티를 더합니다. 하지만, 권력과 재판부의 유착 구조 때문에 진실은 결국 은폐되고, 죄에 대한 처벌이 이뤄지지 않은 채 끝나 버립니다. 그리고 상심한 인호에게 유진이 메시지를 보냅니다.

'연두랑 유리한테 물어봤어요. 이 일이 있기 전과 있은 후에 제일 달라진 게 뭐냐고. 아이들이 그러더라고요. 우리도 다른 사람들과 똑같이 소중한 사람이라는 걸 알게 된 거요. 이렇게 잘 커 가는 아이들을 보면서 그런 생각이 들었어요. 우리가 싸워야 하는 건 세상을 바꾸기 위해서가 아니라 세상이 우리를 바꾸지 못 하게 하기 위해서라고. 날씨가 많이 추워졌어요. 겨울이 추운 건 곁에 있는 사람의 온기가 얼마나 소중한지 알게 해 주기 위해서래요. 지금은 곁에 없지만, 아이들과 저의 온기가 아저씨에게 전해지기를 기도할게요.'

우리도 다른 사람들과 똑같이 소중한 존재

영화에 나오는 유진의 말은 제 가슴을 강하게 두드렸습니다. 피해 아동인 연두와 유리가 했다는 '우리도 다른 사람들과 똑같이 소중한 사람이라는 걸 알게' 되었다는 말. 이 말은 얼마나 무거운 의미를 가졌는지 모릅니다. 초등학생 시절 그런 피해를 입은 적이 있는 여성분을 상담했던 저 역시 너무나 잘 알고 있는 내용이기 때문이었습니다.

그분은 '주변 사람들은 활개 치고 다니는데 나는 그럴 수 없었다'고 했습니다. 언제나 자신을 뒷전으로 미루며 살아왔습니다. 상담을 진행하는 과정에서 '있는 그대로 괜찮다'는 자기긍정감이 움트기 시작한 그녀는 이내 'No!'라고 말할 수 있게 되었고, 자신을 우선할 수 있게 되었습니다. 그녀는 '더 성장한 것 같은 느낌입니다. 지금까지 가슴을 펴고 살 수 없었거든요. 나를 지킬 수 있게 되었어요'라고 말해 주었습니다. 그 순간까지 마음속으로 얼마나 힘든 과정이 필요했을지 이해하고도 남습니다.

그리고 또 한 가지, '우리의 싸움은 세상을 바꾸는 것이 아니라 세상이 우리를 바꾸지 못 하게 하기 위함'이라는 말을 들었을 때 저는 '아!' 하며 탄성을 질렀습니다. 그리고 이 말의 의미를 깊이 이해할 수 있었습니다. 이 세상은 돈과 권력, 혹은 빈곤으로 인간을 바꿔 버립니다. 이런 힘의 크기가 실로 터무니없을 정도라고 생각할 수도 있습니다.

힘에 의해 지배받고 피해를 본 사람은 거의 확실하게 자기 자신의 존재 가치를 남들이 정한 기준에 따라 매기게 됩니다. 자신을 소중하게 여기지 못하며, 'No!'라고 말할 수 없는 존재로 바뀌어 버립니다. 인격(마음)이 변질되어 버린 거죠. 학대당한 경험이 있는 아이들이 그 전형입니다. 아이 시절에 학대를 받은 피해자는 자신을 부정하고 본능적인 감각과 감정조차 차단합니다. 그것은 마치 인생의 주인공으로서 딛고 서야 할 기반이 되는 '자기'의 상실과도 같습니다. 지배와 침습(侵襲)[32]을 받아도 혐오감이나 분노 등을 느낄 수 없다면 자신을 지킬 수 없습니다. 자기와 바깥 세계와의 사이에 경계를 설정할 수 없는 겁니다.

세상에 의해 바뀌지 않기 위한 투쟁

피해자만 바뀌는 것이 아닙니다. 영화 속의 가해자였던 교장은 물론, 심지어 날카롭게 추궁하던 법원의 판사조차 최종적으로는 자신의 출세와 영달을 위해 권력 쪽에 붙어 버립니다. 정의를 지키기 위해 함께해 온 사람, 그랬어야

---

32 나쁜 풍습, 유행, 사상, 전염병 따위가 침범하여 들어옴. —옮긴이

할 사람, 혹은 그래야만 했을 사람들마저 어느 틈엔가 떠나 버리죠. 그런 의미에서 '세상을 바꾸기 위해서가 아니라 세상이 우리를 바꾸지 못 하게 하기 위해' 싸운다는 유진의 말은 무거운 울림을 줍니다.

피해를 본 아이들을 위한 앞으로의 과제는, 자신들이 살아갈 세계가 신뢰할 만하고, 신뢰할 만한 사람도 있으며, 그들 자신과 더불어 살아가는 삶이 살 만한 가치가 있다는 안심과 신뢰를 축적하는 것입니다. 그녀들 입장에서는 싫은 일들이 많았고, 좀 개려나 싶다가도 이내 비가 쏟아지는 날만 이어지는 인생이었을 테니까요.

그런 인생을, 가끔 싫은 일도 있지만 대체로 갠 날이 많은 밝은 세계로 바꿔 가는 것. 즉, 내게는 '행복하게 살 권리(right)가 있다'는 것을 확신하고, 내가 사는 세상에는 '정의(right)가 적용된다'고 신뢰할 수 있게 되는 것. 이것이 그녀들이 앞으로 성장해 나가는 데 필요한 일이 되리라고 저는 생각합니다.

'No!'라는 말로 나를 지키는 자기긍정감

　다행스럽게도 그녀들은 법정에서 당당히 증언할 힘을 가지고 있었습니다. 그녀들 주위에는 신뢰할 수 있는 친구와 동료, 그리고 지원자들도 있었던 것 같고요. 따라서 (영화에서 보았던 인상이 전부지만) 저로서는 충분히 희망적인 미래를 기대할 만하다는 느낌이 들었습니다. 하지만, 그런 인간관계에 둘러싸여 있다 하더라도 한편으로 그녀들이 그 안에서 자신들이 살아갈 사회나 인생을 정말로 신뢰할 수 있을지는 '약자의 입장에 있는 사람들, 피해자나 이재민에 대해 국가나 사회가 어떻게 다가가는 모습을 보일까' 역시 상당히 큰 영향을 준다고 생각합니다.

　일본 사회로 눈을 돌려 보면, 일본인들은 지금 '피해자' 위치의 사람을 생각하는 데 있어 무척 둔감하고 소홀해져 있는 것은 아닐까요. 최근 일본의 모습 자체가 그래 보입니다. 이웃 '피해국'의 감정을 일부러 자극하는 일에 열심이니까요. '이래도? 이래도?' 하는 오만함이 그대로 드러나고 있습니다.

　국내적으로도 도호쿠東北의 지진 이재민들, 그리고 후쿠

시마의 원전 사고 이재민들에 대해 지금의 일본이 취하고 있는 자세는 피해자들이 생존자survivor, 도전자challenger로서 다친 마음을 회복하는 일에 분명히 마이너스 요소가 되고 있습니다. 그런 의미에서 보면 이런 일들은 결코 개별적인 문제로 환원해 볼 수 없다는 것을 당연하지만 다시금 확인해 두고 싶습니다. 아울러 'No!'라고 말하며 자신을 지킬 수 있는 기반 위에 '있는 그대로 괜찮다'는 자기긍정감이 있다는 것 또한 확인하고 싶습니다.

6장
자기긍정감은 지금
- 생명의 세계와 자기긍정감

1. '좋아요' 숫자에 의지하는 불안정한 삶

젊은 세대의 커뮤니케이션 능력 편중

정신과 의사 사이토 다마키齋藤環 씨는 젊은 세대의 커뮤니케이션 능력 편중과 '승인 의존承認依存' 문제에 관해 이야기합니다.[33] 은둔형 외톨이 문제, 취업 활동에 관한 고민, '신종 우울증' 등의 문제의 배경에도 이 승인 의존이 자리잡고 있다고 지적합니다. 청년의 취업 동기를 보더라도 삶의 양식을 구하기 위해서라기보다 타자로부터 인정받기 위해 일하려는 경향이 강하다면서 오늘날 젊은이들의 자신감이나 자기긍정감은 거의 전면적으로 '타자로부터의 승

[33] 《승인에 대한 병承認をめぐる病》, 니혼효론샤日本評論社, 2013.

인'에 의존하고 있다고 설명합니다. 예전에 자신감의 근거였던 집안, 재산, 자신의 재능이나 능력 같은 객관적 요소조차 타자로부터의 승인을 얻지 못하면 도움이 되지 않는다는 것입니다.

그리고 이 승인 의존을 커뮤니케이션 능력 편중과 이에 비해 진보된 풍조로 지적하고 있습니다. 여기서 말하는 커뮤니케이션 능력이란 반드시 적절한 자기주장과 의논·설득 등의 기술을 의미하지는 않습니다. '분위기를 읽는 능력'과 '웃음을 끌어내는 능력'을 의미합니다.

제 나름 이해한 표현으로 다시 말해 보면, 집단 안에서 자신에게 주어진 '캐릭터(역할)'를 잘 연기하는 능력과, 그에 걸맞은 임기응변 능력을 의미하는 것 같습니다. 그러니까 이 커뮤니케이션 능력은 캐릭터와 상호의존적 관계에 있다고 합니다. 그런데 사이토 씨가 지적하는 것처럼 문제는 이 캐릭터가 청년들의 커뮤니케이션을 원활하게 해 주는 반면, 캐릭터에서 나오는 언동을 억압하는 부작용도 수반해 인간적인 성장과 성숙을 억누르는 '틀'이 되어 버린다는 겁니다.

사이토 씨에 따르면, 이러한 승인 의존과 커뮤니케이션 능력 편중이 진행된 배경에는 커뮤니케이션 능력과 승인을 가시화할 수 있는 인프라 발달이 있습니다. 1995년 이후 상용 인터넷과 휴대폰의 폭발적인 보급으로 인해 커뮤니케이션이 다층화하고 유동화했기 때문입니다.

SNS 등에 의해 가까이 있는 타자와의 커뮤니케이션 능력이 쉽게 비교 가능해졌습니다. 포스팅의 '좋아요' 개수나 팔로워 수로 승인의 정도를 간단히 수치화할 수 있는 SNS의 유행·정착 방식을 보면 승인 의존과 커뮤니케이션 능력 편중의 밀접한 관계가 파악됩니다.

'좋아요' 의존이
'있는 그대로 괜찮아'를 파괴하는 모순

하지만, 여기에는 한 가지 딜레마가 있습니다. 제 견해로는, 타자의 승인을 통해 자신의 존재를 긍정하는 한 타자에게 자신의 존재를 의존하는 불안정한 삶을 살 수밖에 없습니다. 이렇게 해서는 결코 자신의 존재 자체를 긍정하며 '있는 그대로 괜찮다'는 안심감을 얻을 수 없습니다. 또,

계속 '좋아요'를 받을 수 있는 '착한 아이'가 되기 위해 그 틀에 자기를 밀어 넣고 움직일 수 없게 되는 함정에 빠지게 됩니다.

이 '승인'은 제가 말하는 자신의 존재 그 자체를 있는 그대로 긍정하는 일과 전혀 다릅니다. '있는 그대로'의 긍정은 자신을 자유롭게 하고, 변화의 유연성을 가져옵니다. 그러나 '자기 긍정'에서의 타자에 대한 의존은 자신을 타자로부터 받는 '좋아요'에 연연하는 착한 아이의 틀에 가두어 꼼짝 못 하게 묶어 버릴 수밖에 없습니다.

게다가 페이스북에서 받는 '좋아요'의 의미는 인사 정도에서부터 깊은 공감까지 천차만별입니다. 이런 타자로부터의 '좋아요'는 결코 자신의 존재 자체에 대한 '좋아요'가 아닙니다. 자신이 소유한 속성이나 작품에 대한 '좋아요', 각각의 조직이나 집단의 '페친'의, 분위기에 휘둘린 호감도에 따른 '좋아요'에 불과한 경우도 많기 때문입니다.

또, 집안, 재산, 자신의 재능이나 능력 같은 것들은 결국 자신을 설명하는 속성에 지나지 않습니다. 즉, 가지고 태어나는 것이든 획득된 것이든 자신의 소유물이라는 거죠. '나는 소유한다, 고로 존재한다' 정도일 수밖에 없다는 말입니다.

'천지일배의 생명'에 근거하지 않은 자기긍정감

이는 '천지일배天地一杯[34]의 생명'으로 살아가는 둘도 없이 소중한 개개의 존재로서의 자신, 그 '있는 그대로'의 전부를 받아들여 그와 더불어 살아가는 자기가 아닙니다. 요컨대, 자본주의 시스템이라는 '컵' 안에서 아등바등 살아가며 온갖 고민을 거듭하는 자신일 뿐입니다. 그런 자기를 상대화하고 더욱 대범하게 파악하는 눈을 갖지 않는다면, 단 한 순간도 컵 속에서 탈출할 수 없겠죠?

스스로 마음에 거리낌이 없다 해도 컵 속의 답답한 삶을 벗어나기 위해서는 나의 있는 그대로를 인정해야 합니다. 또한, 나를 좁은 틀에 가두는 자기상으로부터 해방되라는 메시지와 수용적·공감적인 실제의 지원을 받아들일 필요가 있습니다. 이것은 특히 인터넷상의 말 몇 마디가

---

34 세상에 존재하는 모든 것이 하나로 연결된 소중한 생명이라는 불교적 사고. 일본 불교에서 자주 강조된다. —옮긴이

아니라 비언어적 시선이나 목소리 톤, 혹은 분위기까지도 파악하면서 실제로 얼굴을 맞대는 관계 속에서 제공되는 것이 중요합니다.

제 강연을 듣던 청년이 이렇게 말하더군요.

"잡초는 짓밟혀도 일어나지 않습니다. 그냥 짓밟힌 채로 머물러 있지요. 그렇게 사람들의 신발 밑창에 들러붙어 자손을 번영시키려는 겁니다. 그러니 결국 그저 짓밟히기만 하는 게 아니라 소중한 뭔가를 지켜내기 위해 그것을 받아들이는 겁니다."

저도 과연 그렇구나 하는 생각이 들었습니다. 눈에 띄지 않아도 좋다, 눈에 띄면 오히려 이래저래 쓸데없는 간섭이나 관여만 받게 될 뿐이다, 그만큼 무의미하게 에너지를 써 버릴 수밖에 없다, 또한, 간섭과 관여로 인해 내가 소중하게 여기는 것들이 더럽혀지고 상처받게 되는 위험도 발생한다…. 그러니 조용히 드러나지 않게 진중함을 유지하면서 소중한 것들을 지켜내는 전략도 있을 수 있죠.

그러니 남의 눈에 들어 '좋아요'를 받으려고 필사적으로 매달리지 않아도 좋습니다. 세상의 기준을 충족시켜 '좋아요'를 받는 것만이 진정 자신의 존재를 소중히 하는 일은 아니니까요.

2. 인간은 사회적 존재이기 이전에 우주 안의 존재

인간은 두 개의 중심을 가지고 살아간다

'은둔형 외톨이와 등교거부 – 가족과 주변 사람들이 할 수 있는 일'을 주제로 강연회와 NPO(비영리단체) 등 민간단체 활동 소개·교류회 등이 이루어지는 행사가 있었습니다. 저는 그 행사에서 '은둔형 외톨이·등교거부 문제에 어떻게 다가갈 것인가'라는 제목의 강연을 했습니다.

강연 마지막에 저는 화이트보드에 타원 하나를 그리고, 그 안에 두 개의 중심을 그려 넣었습니다. 그리고 그 두 개의 중심 위쪽에 '사회 안의 존재', '우주 안의 존재'라고 쓴 뒤 다시 아래쪽에는 '자아', '생명'이라고 적어 보았습니다. 우리 인간은 이 두 개의 중심을 가지고 살아가는 존재입니다. 그리고 이 두 개의 중심으로부터 질문이 던져집니다.

먼저 '자아'와 관련한 질문은 '어떻게 살 것인가? 어떤 보람으로 살 것인가?'이며, '생명'에 관련한 질문은 '산다는 건 무엇일까? 생명은 어디서 와서 어디로 가는가?'입니다.

등교거부, 은둔형 외톨이에 대한, 그리고 청년들이 던져준 물음에 대해 깊이 생각하던 과정에서 다시 이 두 개의 질문과 맞닥뜨리게 된 겁니다. 아무쪼록 앞으로의 이야기와 관련해서 이러한 구도가 그 배경에 자리 잡고 있음을 염두에 두고 읽어 주셨으면 합니다.

나, 우주 안의 존재

먼 옛날, 138억 년 전에 우주가 탄생해 별이 폭발하고, 육체와 생명을 만드는 탄소를 비롯해 모든 재료가 우주 공간으로 흩뿌려졌습니다. 별의 폭발로 태어나 별 위에서 자라난 '생명'은 '우주 안의 존재'라고 할 수 있습니다. 생물학적으로 생명은 세포가 자리를 바꿔가며 동적인 평형 상태를 유지한다고 합니다. 동적인 평형이란 '그것을 구성하는 요소가 부단하게 소장消長, 교환, 변화하고 있음에도 불구하고, 전체적으로 일정한 항상성을 유지하는' 것[35]으

어떻게 살 것인가?

산다는 건 무엇일까?

생명은 어디서 와서
어디로 가는가?

로 그 이미지가 강과 닮았습니다. '강의 흐름은 끊어지지 않으며, 게다가 그곳에서 흐르는 물은 원래의 물이 아니다. 강의 웅덩이에 떠오르는 물거품은 그 모양이 사라지지 않으나 오래 머무르지 않는다. 세상을 살아가는 사람들과 그들이 발 딛고 살아가는 터전도 마찬가지일 것이다.'[36]

저의 몸도 그렇습니다. 1년 전 제 몸을 구성하던 세포는 지금 거의 모두 교체되었지요. 소화관은 23일, 혈액 세포는 몇 개월 만에 모두 교체됩니다. 따라서 '변함없다'는 말 같은 건 육체의 수준에서 보면 아무런 의미가 없습니다. 결국, 엄청나게 바뀌어 버리기 때문입니다. 생명의 수준에서는 완전히 다른 사람이라 할 수 있겠죠. 하지만, 저는 그런 자신도 변함없는 '자신'이라 생각합니다. 그것은 내가 인간 특유의 '언어'를 가지고 있고, 이를 통해 전체적인 흐름을 구분한 끝에 '나'로서 고정되기 때문입니다.

. . . .

35 후쿠오카 신이치福岡伸一, 《생물과 무생물 사이生物と無生物の間》, 고단샤겐다이신쇼
    講談社現代新書, 2007.

36 가모노초 메이鴨長明(1155~1216)의 수필 《호조키方丈記》(1212) 중에서.

나라는 존재를 환경과 따로 떼어 놓을 수 있을까

환경과 나는 서로 연결되어 있으며 따로 존재할 수 없습니다. 이렇듯 서로 떼어 낼 수 없는 전체를 우리는 생태계라 부르지요. 쌀은 단지 농부들의 손으로만 만들어지는 것이 아닙니다. 벼가 있어야 합니다. 그리고 저는 논에서 자란, 바로 그 벼로 만든 쌀을 먹으며 살아갑니다. 이렇듯 쌀이나 채소, 돼지나 소의 세포 같은 것들이 제 몸 안으로 들어와 다시 태어나는 것이죠. 그러니 나를 단지 '나'라는 단어로 떼어 낼 수 있을까? 이런 생각을 했던 적이 있습니다.

'자신(나)'이라는 말을 내세우니 이와 구분해 그 바깥에 '환경'이라는 말이 있다는 논리가 등장할 수밖에 없습니다. 인간은 개체 수가 약 60조 정도에 이르는 세포들로 이루어져 있다고 합니다. 또한 그 세 배인 180조의 세균과 미생물이 우리 몸속에 산다고 하죠. 당연히 입 안이나 장 속에도 엄청난 수의 세균과 미생물이 살고 있습니다. 기생하고 있는 겁니다.

그 세균과 미생물들에게 제 몸은 환경입니다. 그렇게 제 몸도 하나의 생태계가 되어 하나의 우주가 될 수 있겠죠. 그렇다면 정말 제 몸이 '저만의 것'일까요, 아니면 '세균과 미생물들의 것'일까요? 제가 '이건 내 몸이야'라고 하면, 거기 살고 있던 세균과 미생물들이 '아냐, 우리라니까' 하며 항변할지도 모르겠습니다. 그런 하나의 우주를 단순히 '나'라는 단어 하나로 구분할 수 있을까요? 요컨대 '나'란 언어에 의해 구분된 것이라는 이야기입니다.

생명과 자아라는 두 개의 중심

인간은 그 흐름을 멈추지 않는, 즉 고정되어 있지 않은 '생명'이라는 존재에 몸을 맡기는 것이 불안한 나머지 변하지 않는 자기 동일적 존재에 연연하려 합니다. 이것이 바로 우리의 뇌가 만들어 낸 '나(자아·자의식)'라는 것입니다. 이를테면, 생명이라는 거대한 강의 흐름 속에 '나'라는 말뚝을 세우고, 거기 매달려 있으려는 거지요.

그러니 '나'라는 존재는 물질적으로 세포들이 끊임없이 바뀌는 가운데 균형을 유지하는 '생명'과 사회적·문화적으로 구성된 '자아', 적어도 이 두 가지로 이루어져 있습니다. 생명이라는 우주 안의 존재이자 자아라는 사회 안의 존재, 두 가지 측면을 갖고 살아가는 것입니다. 저는 이 서로 다른 두 가지 시각을 가지고 저 자신의 인생을 살고 싶습니다.

근대의 인간은 사회적 존재로서의 자아에 사로잡혀 자아를 비대화하는 문명을 쌓아 올려 왔습니다. 나라, 도시, 거대 건축물, 다양한 재화, 그것을 소유함으로써 나를 증명하려고 합니다. 여기에 이후에 등장한 자아('나'라는 말로 구분된 존재)는 훨씬 이전부터 존재해 왔던 생명에 대해 마치 자기 자신만의 것인 양 '내 생명'이라며 멋대로 표현하기 시작합니다. 하지만, 결코 '내'가 '생명'을 소유하는 것이 아닙니다. '나의 고향'이라는 말이 실은 '내'가 고향에 소속되어 있다는 말인 것처럼, '내'가 '생명'에 소속되어 있다고 하는 것이 맞죠.

결국, 사회적 존재로서의 '나'는 언어와 임의의 규칙에 따라 구성되어 있을 뿐, 그 실체를 가지고 있지 않은 까닭에 뒷받침해 주는 것들이 없다면 사상누각砂上樓閣처럼 무너져 내릴 뿐입니다. 그런 이유로 여러 가지 소유물에 의해 지탱할 수밖에 없어요. '나는 소유한다, 고로 존재한다'

는 말은 바로 이런 의미입니다.

3. 컵 속에 갇히지 않고 순환하는 기쁨

컵 속의 인생을 상대화하는 문화

'작은 컵 속에서 일생을 마치는 인간에게 신화는 어떤 의미를 가질까?'[37]라는 제목의 기사에서 연출가 미야기 사토시宮城聰(1959~)씨가 했던 다음과 같은 인터뷰 답변이 무척 인상에 남습니다. "눈앞에 보이는 것은 작을지라도, 그 저편의 숭고함이 투시될 수 있는 작품을 상연하고 싶습니다." 저 역시 눈에 보이는 한 사람 한 사람의 인간은 비록 작을지라도, 그 저편에 30억 년이라는 생명의 역사가 떠오르는 '생명체'의 모습을 투시할 수 있다면, 우리가 사는 세상이 달라질 수도 있지 않을까 생각합니다.

또한, 미야기 씨는 연극의 기능에 대해 "인간은 작은 컵

37 〈주간 금요일週刊金曜日〉, 2015년 2월 6일 자.

속에서 일생을 마치지만, 그 안에서 지낼 때의 여러 가지 스트레스를 거대한 이야기로 상대화하려 합니다. 하루하루 이어지는 하찮은 고민 속에 일생을 마치는 사태를 상대화할 만한 좌표를 설정하고, 조금은 벗어날 수 있게 해주는 것"이라고 말했습니다. 해방감을 느끼는 순간을 선사하는 것이 연극의 효능이라는 거지요. 그렇게 보면 사람들은 늘 '거대한 이야기'를 갈구하고 있는 것 아닐까요. 저는 미야기 씨의 말에 무척 공감했습니다. 이는 연극, 문학, 음악, 회화 등 풍부한 이미지를 통해 가치관을 끌어내는 문화의 분야들이 공통으로 가진 문제의식이기도 합니다.

저도 같은 맥락에서, 개인적으로는 제가 하는 상담(임상심리)과 강연 활동을 하나의 문화 활동으로 자리매김하고 있습니다. 최근 제가 강연에서 자주 언급하는 '세상의 기준'과 '생명의 기준', '사회 안의 존재'와 '우주 안의 존재'라는 대비도 같은 발상에서 비롯됩니다. 세상 기준은 컵 속의 척도, 그리고 생명 기준이 거대한 이야기의 척도라는 거지요. 138억 년이라는 우주의 역사, 30억 년이 넘는 생명의 역사라는 웅대한 이야기 속에 자신을 자리매김해 본

다면, 일상에서 강요되는 세상의 척도나 시각을 상대화할 수 있지 않을까요. 이런 '해방의 문화'와 관련한 예로, 지난 2013년 향년 104세로 세상을 떠난 마도 미치오まどみちお (1909~2014)[38] 씨의 시를 소개해 드리고 싶습니다.

시에 나타난 자기긍정감

마도 미치오 씨의 시 중에는 저의 '있는 그대로 괜찮다'는 자기긍정감의 이미지를 확장해 깊은 생명의 세계로 초대하는 시가 많이 있습니다.

코끼리

코끼리야, 코끼리야, 코가 아주 길구나

그래, 울 엄마도 코가 길단다

동요 '코끼리'입니다. 가사 앞부분에는 '평균을 벗어난'

---

[38] 일본의 시인, 아동문학가. 세간에서 '동요의 1인자'로 불리며, 그의 시에 곡을 붙인 '코끼리ぞうさん'는 한국에 소개되기도 했다. ─옮긴이

코를 가진 코끼리를 다른 아이들이 심술궂게 놀리는 대목이 나옵니다. 하지만, 그 뒤에 이어지는 가사인 '그래'를 보면 위축되기는커녕 그것을 거리낌 없이 인정합니다. '울 엄마도 코가 길단다'에서 볼 수 있듯, 사랑하는 엄마와 닮은 있는 그대로의 모습을 자랑스럽게 받아들이고 있습니다. '있는 그대로 괜찮다'는 자기긍정감을 아이들의 시선에서 완벽하게 표현하고 있다는 느낌이 듭니다.

아이들은 잔인한 면이 있습니다. 상대의 신체적 특징을 들먹이죠. 악의가 없는 동시에 잔인한 일입니다. 상대에게 상처가 될 말을 아무렇지 않게 하니까요. 이것을 '울 엄마도 코가 길다'면서 거리낌 없이 받아들이는 코끼리의 자기긍정감. 인간이라면 쉽지 않을 겁니다. '세상의 척도'에 얽매여 있기 때문 아닐까요?

내가 여기에

내가 여기에 있을 때
다른 어떤 사람도, 나 대신 여기에 있을 수 없지

혹시 코끼리가 여기 있다면, 그 코끼리만

콩이 있다면, 그 콩 한 알만

그밖에는 여기 있을 수 없지

이렇듯 소중하게, 지켜지고 있는 거야

그 누가 어떤 곳에, 서 있을지라도

그렇게 있다는 것이

그 무엇보다, 멋진 일이라네

'내가 여기에'라는 시입니다. 내가 여기 있으면 다른 것은 무엇도, 누구도 여기 있을 수 없다는 가사가 나오지요. 물리적인 의미인 동시에 이질적인 어떤 물체도 같은 장소에 있을 수 없다는 말인데, 이 부분에 마도 씨는 깊은 의미를 담았습니다. '이토록 소중한 내가 지켜지고 있는' 모습을 읽은 것입니다. 일단은 이런 내용이 파악되는데, 여기서 조금 더 들어가 보면, 카운슬러인 제가 대단히 공감하는 부분이 있습니다.

바로 이 시간, 이 공간의 '이 자리'는 오직 '이 클라이언트^{client}'를 위한 것이라는. 다시 말해 그 시간, 그 장소는 바로 이 '누군가'를 위한 것이라는 의미입니다. 그 시간, 그 장소에서 그 누군가가 지켜지고 있는 까닭에 밖으로부터의 어떤 침입자도 들어올 수가 없습니다. 완전한 셧아웃^{shutout}이죠. 근무 시간이 지나면 전화가 걸려 와도 받지 않는 것처럼. 이렇게 해서 클라이언트는 그만큼 확실히 자신이 지켜지고 있음을 실감합니다. '내가 여기 있어도 되는구나' 하고 안심하며 나와 마주하는 가운데 마음의 소리에 귀를 기울임으로써 그 메시지를 듣고, 다시 사람들 앞에서 말할 수 있게 되는 것입니다.

물이 노래하네

물은 노래하네, 강을 달리며

바다가 되는 날은 넘실넘실
바다가 되었던 날은 넘실넘실

구름이 되는 날은 뭉게뭉게

구름이 되었던 날은 뭉게뭉게

비가 되는 날은 주룩주룩

비가 되었던 날은 주룩주룩

무지개가 되는 날은 야호

무지개가 되었던 날은 야호

눈, 얼음이 되는 날은 꽁꽁

눈, 얼음이 되었던 날은 꽁꽁

물은 노래하네, 강을 달리며

강물이 된 지금은 쿵쿵

물인 나 자신의 영원함을

이 시에 등장하는 '물'은 생명의 고향입니다. 모습과 형태를 변화시키며 천지를 돌아다니고, 시공간을 끝없이 순환하는 가운데 생명력을 기르며 물로서 존재하는 기쁨을 노래합니다. 자화자찬일지도 모르지만, 저는 여기서 '있는 그대로 괜찮다'는 자기긍정감의 도달점을 보았습니다. 이 시 속의 '물'을 '생명'으로 바꾸더라도 의미가 그대로 전해지거든요. 저는 이 한 방울의 물이 바로 하나의 생명인 우리 자신을 표현해 주는 것 같은 느낌이 들었습니다. 정말 기가 막힌 노래지요. '있는 그대로 괜찮다'는 말로 전하고 싶었던 생명의 메시지를 노래의 울림을 통해 더 넓고 깊게 표현한 것입니다. 대우주를 단 하나의 '거대한 생명'으로, 여기에서 결코 '따로 떼어 놓을 수 없는 생명', 수많은 형태로 순환하는 '있는 그대로'의 생명을 또렷이 형상화하고 있습니다. 이런 시를 접할 때마다 '컵' 속에 갇혀 있는 물이 아니라 우주의 리듬에 공명하는 물이 되어 우주의 스케일로 살아가는 우리의 생명을 잠시나마 머릿속에 그려볼 수 있지 않을까요?

4. 생명에 봉사하기 위해 '자아'라는 옷을 입다

자아와 사회 적응 장치

인간은 동물의 털가죽을 벗어 던지고 스스로 만든 옷을 입게 되었습니다. 이런 역사는 '약속'을 통해 사회가 구성되고 사람과 사람이 더불어 살아가게 되었음을 상징합니다. 그렇게 우리는 '인간'이 되었습니다. 사람과 사람 사이에서 살아가기 위해서는 '약속'이 필요합니다. '말'도 중요한 한 가지고요. 예컨대, 이 동물을 '고양이'라고 부르고, 저 식물은 '벼'라고 부르는 이런 모든 것들이 '약속'입니다.

그밖에도 '빨강'에 잠시 멈추었다가 '파랑'이 되면 길을 건너는 등 셀 수 없이 많은 '약속의 그물코'로 이루어지는 것이 인간 사회입니다. 그 사회 속에서 인간은 '저것이 고양이다', '이쪽이 옳다', '파랑이니까 건너도 된다' 같은 것들을 해석하고 판단해 사회에 적응하지 않으면 살아갈 수 없습니다. 이 적응 장치가 '자아(에고)'입니다.

그러니 자아는 약속을 통해 성립된 지구의 사회에서 살아가기 위한 '우주복' 같은 겁니다. 인간의 생명은 자아라는 우주복을 몸에 걸치고 살아갑니다. 바다에서 땅으로 왔다가 다시 바다로 돌아간 포유류 물개의 뒷다리가 지느러미발로 진화한 것, 돌고래 앞다리가 지느러미로 진화한 것처럼 '사회 안의 존재'로 진화한 인간이 사회에서 살아가기 위해 습득한 적응 장치가 자아라는 겁니다.

자아라는 적응 장치를 습득하려는 시도

지구의 인간 사회에 태어난 아이들에게 예의와 규범을 교육하는 것은 대체로 '적응 장치'를 습득시키는 작업으로 봐도 무방합니다. 지구에서 '사회 안의 존재'로 살아가기 위해 인간은 자아라는 우주복을 입지 않으면 안 됩니다. 잊어서는 안 되는 것은 자아가 또한 '우주 안의 존재'로서 생명을 부여받은 인간의 사명을 지구상의 인간 사회에서 다 하기 위한 '장치'이기도 하다는 점입니다.

즉, 자아를 위해 생명이 존재하는 것이 아닙니다. 생명에 봉사하기 위해 자아가 있는 것입니다. 자아가 '내 생명' 같은 말로 오도되어 생명이 나만의 소유물인 양 오해하는 것은 엄청난 착각입니다. 이런 잘못을 깨닫지 못하는 어리석은 이들이 얼마나 많은지요. 저도 예전에는 그랬습니다. 하지만, 지금은 그런 잘못을 깨달았습니다.

생명에 꼭 맞는 우주복

지구의 사회에서 생명이 자아라는 우주복을 입고 살아갈 때 중요한 것은 그 우주복이 생명에 잘 맞는지의 여부입니다. 흔히 쓰이는 표현대로 생명에 '핏되는' 편안한 옷이냐는 것입니다. 생명의 숨통을 조이는 우주복을 입고 있는 것은 아닌가, '전사'나 걸칠 무겁고 답답한 '갑옷'이 되어 있지는 않은가 하는 이야기죠.

생명은 성장하고 변화하며 재생합니다. 그에 걸맞은 우주복을 마련해야겠죠. 또한, 그에 걸맞은 자아가 되어야 합니다. 자아는 세상의 기준으로 자신과 타인을 평가합니다. '사회 안의 존재'로서 지위나 권력, 역할, 돈이나 명예 같은 척도로 평가하고, 그 평가에 따라 '난 대단해' 하고 힘을 내거나 '난 안 돼' 하며 반대로 위축되고 말죠.

자아는 그런 평가의 포로가 되어 내가 생명을 유지하기 위한 우주복이라는 사실을 잊습니다. 자아, 그것은 주인이 아닙니다. 생명이 진정한 주인입니다. 자아는 지구 위에 만들어진 사회라는 '노점'에서 살아가기 위한 우주복이라는 사실을 잊은 채, 생명을 업신여기며 자신이 그 주인인 것처럼 혼자서 걷기 시작합니다. 이거야말로 본말전도지요.

'있는 그대로 괜찮다'는 자기긍정감은 존재 수준의 자기긍정감이며, 세상 기준의 자기긍정감이 아닙니다. '생명 기준'이죠. 본체의 생명이 어떤 상태인지가 더 중요하다는 겁니다. 자아는 평가를 통해 힘을 얻지만, 생명은 그럴 수 없습니다. 생명이 에너지를 낼 수 있는 것은 오직 사랑에 의해서입니다. 자신의 조그만 생명이 커다란 대우주의 생명에 의해 생명력을 유지하고 있다는 사실을 깨달을 수 있다면, 자신이 나누어 받은 조그만 '생명'을 더욱 깊고 명확하게 인식하는 가운데 소중히 여기며 사랑할 수 있을 것입니다.

생명의 움직임이 자유로운 옷이 좋다

생명은 우주복의 제한을 받지 않고 자유로이 움직이고

싶어 합니다. 생명이 성장하는 데는 탈피의 과정이 존재하지요. 따라서 생명이 더 자유롭게 움직일 수 있도록 새로운 자아의 껍질을 입어야 합니다. 생명력이 활성화되고 '야해지는' 사춘기에 자아가 사회에 적응하기 위해 입은 '착한 아이'라는 껍데기를 깨고, 새로운 자신으로 태어나려 하는 것처럼 말입니다.

'있는 그대로 괜찮다'는 제 말은 바로 이렇게 자아의 껍질 안에 갇히지 않고 탈피하려 하는 생명의 '있는 그대로'의 움직임을 긍정하고 고무하려는 의미를 담고 있습니다. 인간은 생명을 자아 안에 가두고, '나는 무능해, 모자란 인간이야', '아무도 날 필요로 하지 않아'라며 멋대로 자신을 비하하거나 '어때, 나 대단하지', '이만하면 매력적이고 멋있지' 하며 자화자찬하려는 마음에 사로잡히곤 합니다. 우주복에 불과한 자아가 본체인 생명을 뒷전으로 돌린 채 멋대로 서로를 비교하며 소란을 피우는 겁니다.

'사회 안의 존재'인 자아만의 판단과 해석에 의존하는 삶의 방식은 결국 한쪽으로 기울어지게 됩니다. 자아에 좌지우지되는 삶의 방식은 생명까지 자신의 지배하에 두게 된 끝에 만능감에 빠져 생명을 파괴해 버리는 것으로 귀결될 수밖에 없습니다. 그러니 자아 입장에서의 판단과 해석에만 빠져 우쭐해지지 말아야 합니다. 이를 위해 필요한 것이 생명과 자아, 두 개의 중심을 기준으로 그리는 '타원형' 인생의 견지입니다.

다시 말해, 세상의 기준과 생명의 기준, 두 가지 시선으로 인생을 보아야 합니다. 오른쪽, 왼쪽 두 눈으로 세계를 더욱 깊이 볼 수 있듯이, 우리 인생도 마찬가지일 것입니다.

5. 내가 지금 여기에 살아 있다는 기적

하루하루 새로운 나

생명 기준은 하루하루 '전혀 새로운 나'를 보게 해 줍니다. 주객이 나뉘기 전의 실제적 생명이죠. 생명 기준에서 바라보는 '전혀 새로운 나'는 '전혀 새로운 타자'이기도 합니다. 전혀 새로운 내가 낡은 타자와 이전에 만났을 리 없으니 당연한 일이죠. 그러니 '전혀 새로운 타자'는 '전혀 새로운 나'이기도 합니다. 매일 전혀 새로운 나 자신이 '방금 태어났습니다' 하는 기분으로 세계와 만나는 겁니다.

그렇게 세계와 마주해(정확히는 주객 분리 이전의 세계이니 상대로 마주하는 것은 아니지만) 그곳에 돌아옵니다. 바로 그 자리에 '실제적 생명'으로 돌아오게 되는 겁니다. 제가 일상에서 이런 느낌을 가장 구체적으로 경험할 때는 정원의 꽃과 벌레들을 만날 때입니다. 아침 햇살을 받으며 피어 있는 꽃과 그 주변을 맴도는 벌레들을 볼 때면, 나는 전혀 새로운 내가 되어 전혀 새로운 그들을 만나는 느낌이 듭니다. 매일 아침 만나지만, 그들은 한 번도 똑같은 모습이나 표정인 적이 없습니다. 또한, 내가 그들을 보고 있는 것인지 그들이 나를 보고 있는 것인지 구별할 수 없는 일체감을 느끼지요. 이는 내게 있어 생명 기준의 세계입니다.

인간은 사회 안의 존재이기도 한 까닭에 자아라는 기구를 타고 곧장 실제적 생명의 대지로부터 세상 기준이라는 속세로 떠오릅니다. 그러다 문득 정신이 들어 다시 실제적 생명의 세계로 돌아옵니다. 이 일이 매 순간 몇 번이나 반복되고요. 좌선이 바로 이런 것이라고 노승 우치야마 고쇼 內山興正(1912~1998)[39]가 가르쳐 주셨습니다.

나는 왜 여기, 지금 살아서 존재하는가? 하필이면 내가. 다른 수 없이 많은 생명체들과 함께. 이는 실로 신기하고 기적과도 같은 일입니다. 전혀 새로운 마음, 전혀 새로운 눈으로 보면 그런 느낌을 받을 수 있습니다.

인간으로 태어난 것은 1억 엔짜리 복권에 100만 번 연속해 당첨된 정도의 확률에 해당한다고 합니다. 이는 유전학 DNA 연구의 최첨단 연구 성과에 근거합니다. 객관적이고 과학적이므로 느낌인 것만은 아닙니다. 머리를 기준으로 하면 이를 통해 납득이 가능하다는 효용이야 존재하겠지만요. 그 정도의 확률을 뚫고 태어나는 것이니 인간으로 존재한다는 것만으로도 엄청난 엘리트라 할 수 있지

---

39 제가 22세 때 안타이지安泰寺에서 5일 동안 접심接心(선종에서 수행승이 선의 교의를 보이는 일. —옮긴이)을 하던 당시 한 스님으로부터 '첫 번째 접심에서 닷새나 좌선을 하는 녀석은 처음이라는 격려를 받았습니다. 저는 당시 그 스님이 우치야마 고쇼라는 위대한 승려라는 사실을 몰랐습니다. 이후 환갑이 지나서야 이미 돌아가신 스님을 다시 접할 수 있었죠. 스님의 설법을 기록한 책을 통해서였습니다. 스님의 진가는 1965년부터 10년간 교토시 기타北구에 있던 시치쿠린紫竹林 참선 도장에서 월 닷새씩 접심을 반복, 수많은 출가·재가의 제자, 즉 좌선의 후계자들을 길러 오신 것으로 집약됩니다.

"살아 있다는 건
엄청난 일이야!"

이 구역의 꽃냥이는 나야~

않을까요.

그러니 '살아 있다는 건 엄청난 일이야!', '내 생명을 대수롭지 않게 여기면 안 돼'라고 아이들에게 말해 줄 수 있는 겁니다. 실은, 마도 미치오 씨나 우치야마 고쇼 스님처럼 느낄 수만 있다면, 누구라도 '실제적 생명'을 더없이 소중히 여기며 살아갈 수 있을 것입니다.

존재 가치와 사용 가치·교환 가치

인간은 편리한 도구를 만들고, 그 도구에 둘러싸여 문화적·문명적으로 쾌적하게 생활합니다. 하지만, 이 도구의 근본인 원소는 인간이 아닌 우주가 만든 것입니다. 따라서 인간 이외에도 수많은 '우주 안의 존재'가 있다는 것이 분명한 사실이죠. 이런 '우주 안의 존재'라는 성격과 더불어 '사회 안의 존재'로서 세상 기준의 역할을 부여받아 '나'와 '언어'라는 옷을 입고, 인간과 수많은 생명체, 그 밖의 다른 것들이 눈앞에 존재하는 것입니다.

인간이 살아가기 위해 필수적인 공기와 물도 인간이 아니라 우주가 만들었습니다. 그것을 사용할 수 있도록 해 주었기에 우리는 살고 있습니다. 삶을 허락받고 있는 것입니다. 인간은 더욱 편리한 생활을 위해 머릿속의 지혜를 이용, 여러 가지 사용가치가 있는 도구를 만들었습니다. 나아가 도구를 사고팔 수 있는 '돈'을 만들어 '사용 가치' 위에 '교환 가치'라는 '가치'를 붙였습니다. 그 탓에 '생명 기준'으로는 대단히 높은 가치를 가진 공기와 물조차 얼마간의 돈으로 뭐든 교환 가능하다는 교환 가치가 가치를 결정하는 '세상 기준'에서는 공짜나 다름없는 가치밖에 매겨지지 않는 전도가 일어나게 됩니다.

바로 이 즈음이었습니다. 근대 문명이 진화하고 생활이 편리해지며 사람들의 시선에 광기가 어리기 시작한 것은. 실제적 생명의 중심이던 생명 기준의 세계에서 세상 기준으로 붕 떠올라 내려오지 않는 인간이 자꾸 늘어난 것도요. 뛰어난 시인이자 종교가가 열과 성을 다해 근본의 중요한 가르침을 설파하며 생명 기준을 잊지 말라는 경종을 울려도 인류는 아무래도 '붕 뜬 채로 머물러 있는' 자신들의 상황을 자각하지 못하는 것처럼 보입니다.

'있는 그대로'의 이미지

우치야마 고쇼 스님의 책에 이런 이야기가 나옵니다. 긴 전쟁이 끝난 뒤라 먹을 것이 없던 무렵 호박 값이 치솟습니다. 그러자 한 농부가 가꾸던 밭을 갈아엎고 호박 농사를 지었습니다. 좋은 호박을 많이 길러냈죠. 하지만, 가격이 더 오를 거란 생각에 호박을 쟁여 놓고 기다렸더니 식량 사정이 달라져 농부의 기대는 물거품이 되고 말았습니다. 산더미처럼 쌓인 호박 앞에서 농부는 '이게 아닌데' 하며 한숨을 쉽니다.

스님은 '호박은 아무렇지도 않은, 그저 호박일 뿐이었습니다. 별로 걱정하거나 미안한 표정을 짓는 것도 아닌, 그저 호박 본연의 모습. ― 역시 저것이 호박 본래의 면목, 정체로구나 하며 저는 그 광경을 유심히 바라보았습니다'라고 적었습니다. 저는 이 장면을 상상하다 배를 잡고 웃었습니다. '그저 호박일 뿐'이라는 말이 대단히 재미있으면서도 좀 묘한 느낌이 들었기 때문입니다. 호박은 '세상 기준'에서 나 정도라면 팔리지 않을까, 아무래도 좋다는 입장에 서서 인간의 기대와는 전혀 무관하게 그저 호박으로 존재하고 있을 뿐이라는 거죠. 있는 그대로의 호박으로, 나를 어느 정도의 돈과 바꿀 수 있을지에 일희일비하지 않는 겁니다.

하지만, 인간은 자기 욕심에 휘둘리고 자신의 가치조차 돈으로 환산하려는 생각에 사로잡혀 있다 보니 가격이 얼마로 매겨지느냐에 일희일비할 수밖에 없습니다. 농부의 괴로움은 물론 안됐지만, 보기에 따라서는 우스꽝스럽기 짝이 없습니다. 농부의 한탄스러운 표정과 호박의 그저 호박 같은 모습이 대조적으로 눈앞에 떠오르면서 무심코 웃음 짓게 됩니다. 마도 미치오 시인에게서도 이런 우치야마 고쇼 스님과 대단히 비슷한 시각이 보입니다.

해삼

해삼은 말이 없다
그래도
'나는 해삼'이라고
말하고 있는 것 같다

해삼의 몸으로

최선을 다해서

어때요, 닮았지요? 호박이 그저 호박인 것처럼, 해삼도 말없이 해삼으로서 자기 자리를 지키고 있습니다. 마치 '나는 호박', '나는 해삼' 하며 무언의 말을 건네듯. '있는 그대로'의 모습으로 그곳에 존재할 뿐 더함도 덜 함도 없습니다. 무엇 하나 덧붙일 것이 없이. 그냥 아무렇지 않은 듯.

게

게가 게인 것이 기쁘다
게는 그것을 깨닫지 못하는 것 같아
더욱 절절하게
아아, 이런 나도 나로 머물러 있을 수 있으니
누군가를 기쁘게 할지 몰라
네가 아무것도 알아차리지 못하는 사이

한층 절절하게

그렇게 생각할 수도 있겠다
하며 나는 스스로 뭉클했다

  게는 자의식 없이, 알아차리지도 못한 채 게로서 존재합니다. 그것을 기뻐합니다. 그런 게를 보면서 나 또한 기뻐하고요. 그리고 방긋 웃습니다. 사람으로부터 이런 느낌을 받을 때도 있죠. 저는 아무것도 의식하지 않고 한자 퍼즐을 일사불란하게 맞추거나 정원에 웅크리고 앉아 무심히 화초를 돌보는 아내를 바라보다 문득 기쁜 마음이 된 경험이 있습니다. 그 표정, 그 몸짓 속에서 아내는 그저 아내로서 존재하고 있음을 절절히 느꼈기 때문입니다. 마치 '나는 나'라고 말하듯이. 정말 기뻤습니다.

6. 자연스럽고 솔직하게, 긴장하지 않고 느긋하게

'있는 그대로'라는 말

'있는 그대로'라는 말은 다양한 문맥에서 여러 가지 의미로 쓰입니다. 보통 잘 쓰는 것은 '폼 잡지 않아도 된다', '자신을 꾸며내지 않아도 된다', '그 모습 그대로'도 상관없다 등을 의미할 때입니다. 평소처럼 해도 된다, 긴장하지 않고 자연스럽게, 무리하지 않아도 그저 있는 그대로 괜찮다… 등의 이야기를 할 때 쓰지요. 지극히 일상적인 사용법입니다.

또한, '있는 그대로'라는 말은 무엇에든 휘둘리지 않는 여유로운 마음 상태에서 깨달음의 경지에 이르기까지의 다양한 느낌과 상태를 표현합니다. 이 경우 일반적으로 사용하는 것으로 '뽐내지 않는다', '자연스럽고 느긋하게', '솔직하게' 같은 뉘앙스도 있습니다. 그런 일상 친화적 의미로 사용하더라도 막상 체험한 적이 없는 사람은 이것이 어떤 상태인지 실감하기 어렵죠.

이를테면, 늘 긴장 속에서 안간힘을 쓰며 살아가는 사

람이 '긴장을 늦추고 릴렉스한다'는 말을 실감하지 못하는 것과도 같습니다. '나답게 살면 된다'는 말을 듣더라도 '나다움'이 뭔지 모르는 사람은 그것이 어떤 삶을 의미하는지 느낄 수 없기 때문입니다. '있는 그대로'라는 말도 쓰임에 따라서는 그것을 어떻게 이해해야 할지 모르는 상태에서 편의에 따라 이해되거나 별생각 없이 분위기에 휩쓸려 말할 가능성이 큽니다.

어떤 의미에서
'있는 그대로'라는 말을 쓸까

저는 '있는 그대로'의 존재 그 자체를 긍정하는 존재 수준의 자기긍정감, 즉 '있는 그대로 괜찮다'는 자기긍정감이라고 제가 생각하는 자기긍정감을 설명합니다. 또한, 이 경우의 '있는 그대로'는 그것이 유지되며 '이렇게 해야 한다', '이렇게 하는 것이 좋다' 같은 우열, 미추, 선악, 시비 등의 척도가 적용되지 않는 세계를 의미하기도 합니다.

인간은 인위적으로 만들어진 기준에 따라 다양하게 형용되며 정체성을 부여받습니다. 그는 능력있다, 그녀는 예쁘다, 그는 은둔형 외톨이다, 나는 모자란 인간이다… '내가 어떤 인간인가'를 말할 때 '나는 ~이다'라고 자신을 설명합니다. 이렇듯 우리는 무수한 수식어를 뒤집어쓰고 살아갑니다. '나는 ~이다'라는 식으로 설명하는, 그 '내'가 바로 자아입니다. 입고 있는 옷에 따라 자신을 설명하는 것이 '자아'니까요.

그 옷인 자아 없이는 사회에서 살아갈 수 없습니다. '장삼이사', '무명씨' 같은 존재가 되어 버리니까요. 일단 상대가 나와 어떻게 관계를 설정할지 알 수 없습니다. 그러니 '저는 ~입니다'라고 자기소개를 하는 겁니다. 말은 인간 사회에서 만들어진 약속입니다. 사회 또한 약속과 규칙으로 만들어져 있지요.

또한, 사람들은 우열, 미추, 선악, 강약 등 다양한 척도에 의해 서로 비교당하고 격차가 발생하는 가운데 가치가 매겨지는 세상에 살고 있습니다. 다시 말해, 이 사회의 질서와 규칙에 따른 대조적인 기준으로 비교되어 위치를 부여받고, 또한 평가되어 이에 상응한 처우를 받는다는 겁니다. 그것은 인위적으로 구성된 '모조품'의 세계입니다. 사회 그 자체가 모조품이죠. 그런 사회에서 살아가기 위해 우리는 그 질서와 규칙을 내면화한 자아라는 옷을 입게 되어 있습니다.

그러나 '있는 그대로'의 존재 자체인 '나'는 '나는 ~이다'라고 '걸치고 있는 옷'을 모두 긁어모은다 해도 다 설명할 수 없습니다. 그것을 뛰어넘은 존재이기 때문입니다. 아무리 많은 옷 조각을 모은다 하더라도 '나'의 전부가 아닙니다. 그런 '내'가 '있는 그대로'의 나입니다. '저 사람은 ~이다', '나는 ~이다'라는 말로는 다 설명할 수 없는 '온전한 전체'의 존재를 '있는 그대로'라고 합니다.

따라서 온전한 전체, '있는 그대로'의 존재를 사회에서 임의로 만든 규칙과 서열에 따라 자리매김, 가치 매김을 하더라도 이를 넘어서는 것이 늘 존재합니다. '장님 코끼리 말하듯'이라는 표현처럼 '코끼리'를 파악할 수 없다고 할 때 그 코끼리에 해당하는 것이 존재 그 자체, 바로 '있는 그대로'라 할 수 있습니다. '있는 그대로'는 '온전한 전체'입니다.

그래서 '있는 그대로'를 인정하는 것은 '그는 ~이다'라는 식으로 정의하거나 설명하거나 혹은 해석하지 않고, 이를 뛰어넘은 '온전한 전체의 존재'임을 그대로 인정하는 것입니다. 부모가 '있는 그대로'의 내 아이를 인정한다는 것은 내 아이의 생명 그 자체, 내 아이의 '온전한 전체'를 인정하는 일입니다. 그렇다면 어떻게 온전한 전체를 인정할 수 있을까요? 우선 '비교하지 말라'고 답하고 싶습니다. 비교가 가능한 것은 부분뿐이죠. 온전한 전체는 비교할 수 없습니다. 그러니 우선은 다른 아이들과 비교해 '공부를 못한다', '굼뜨다', '못났다' 같은 말을 해서는 안 됩니다.

그리고 중요한 것은 '내 아이'라고 생각하지 않는 것입니다. '내 아이'란 부모의 자아가 소유한 아이를 말합니다. 자아는 소유로 인해 지탱되고, 많은 것을 소유함으로써 강대해집니다. 그런 의미에서 '내 아이'란 결국 부모의 자아에 소속된 아이입니다. 이 아이가 '세상 기준에서 훌륭한', '잘난' 아이일수록 부모의 자아가 채워지고 강대해지는 겁니다. 아이를 '있는 그대로' 인정하는 것은 그런 소유와 소속의 관계를 넘어 아이와 생명 대 생명으로 마주하는 일입니다. 이런 아이가 있어 내가 자랑스럽다, 혹은 아니다 같은 소리를 할 일이 아닙니다.

자신의 소유물처럼 생각하니 '이렇게 되길 바란다' 같은 기대나 욕심을 갖게 되는 것입니다. 아이를 우주 안의 존재로 바라보아야 합니다. '있는 그대로'란 '잘났다·못났다', 혹은 '우수하다·뒤처진다' 등 온갖 척도로 가치를 따지고 서열을 매기는 것을 뛰어넘은, 온전한 전체의 '생명'이기 때문입니다. 그렇게 항상 변화하고 성장하며 재생하는 존재이니 고정되어 있을 수 없죠.

그런 의미에서 '있는 그대로'를 인정하면 잘난 아이, 모자란 아이 등으로 아이를 수식하는 옷을 입혀 긍정하거나 세상 기준에 따른 엉뚱한 가치 매김과 판단에 얽매는 일 없이, 아이가 자유롭게 변화하고 성장하며 재생할 수 있습니다. 노력하고 애써서 '뭔가를 목표로 하도록' 만든다면, 아이는 결국 그 무언가에 휘둘려 자신을 얽매고 고정화해 자유로운 성장·발달 같은 변화로부터 멀어지게됩니다.

7. 이름과 특징을 넘어 있는 그대로 보는 눈

마도 미치오 씨는 '있는 그대로' 볼 줄 아는 눈이 있습니다. 그래서 있는 그대로 본다는 것이 무엇인지 아주 잘 표현하고 있죠. 그의 언어를 접하면서, 저는 '과연 그렇구나' 하며 납득할 수 있었습니다. 제가 이전부터 느꼈던 것들을 적절히 표현했기 때문입니다. 마도 씨는 '구상화具象画'를 그리지 않습니다. "시각을 '읽는' 심리적 속박에서 해방시켜 주고 싶기 때문"이라고 합니다. 이것은 컵, 그것은 꽃, 저것은 산 등 사람들이 편의상 붙인 '이름'을 거부하고, 그 자체로부터 보고 느낀 것을 시각의 권리로 존중하며 소중히 하고 싶다는 마도 씨. 기성의 '이름'과 '읽기', 그리고 '의미'로부터 자유로워져 존재 안의 목소리에 귀를 기울이고 자기만의 의미를 묻는 것이 그의 '추상화'입니다.[40]

"여기 컵이라는 사물이 있다. 시각은 이것을 대하면 다짜고짜 컵이라는 이름을 읽어 내고, 물, 사이다, 혹은 맥

---

40 타니 에츠코谷悦子, 《마도 미치오, 그립고 신비로운 세계まどみちお 懐かしく不思議な世界》, 이즈미쇼보和泉書, 2013.

주를 마시기 위한 용기로 이해할 것이다. 그러고는 그것만으로 모든 것을 잃어버리리라. 때마침 자신의 역할을 깨달은 시각이 이름 뒤에 감추어져 있는 사물 자체를 간파하려 해도 이미 읽어버린 이름이, 집요하게 자신을 흔드는 '컵의 관념'에 의한 방해를 좀처럼 막아내지 못한다."

무척 이해가 잘되는 상황입니다. 우리가 사물을 볼 때마다 늘 이런 일이 일어나죠. 이름이라는 포장지 때문에 안의 사물을 볼 수 없게 되어 버리는 것 말입니다. 좀처럼 포장지 너머를 들여다 볼 수 없지요. 마도 씨는 "말로 명명되거나 왜곡되거나 단절되거나 혹은 애매해져 버리기 이전의 세계를, 순수하게 시각적으로 구축하는 것이 추상화다. 이것은 이 세상에서의 시각이 '이름'과 '읽기', 그리고 '의미'로부터 자유로워질 수 있는 유일한 세계"라고 말하며, 이러한 의도 아래 '추상화'를 그리게 되었다고 말합니다.[41]

마도 씨의 이러한 발상에서 촉발된 것이 적지 않습니다. 부모가 아이를 바라볼 때도 '이름'과 '읽기', 그리고 '의

----

41 앞의 책.

미'라는 포장지에 둘러싸인 아이밖에 보지 않는 게 지금의 현실이니까요. 성적, 능력, 성질, 특성, 다시 말해 그 아이의 '속성', '이 아이는 ○○이다', '이 아이는 ××이다' 하는. 바로 그 '이름', '읽기', '의미'를 강요하는 '아이에 대한 관념'에 방해받지 않고 '있는 그대로' 그 아이를 보는 시선을 가진 사람이 얼마나 될까요? 언어나 이름에서 자유로워져 '있는 그대로'를 파악하는 눈을 가진 사람이나 그렇게 사물을 볼 기회가 과연 얼마나 있을까요?

인간은 저마다 편의 때문에 만들어진 '사회적 실seal'인 '언어', '이름'에 따라 자기들의 형편에 맞춰 '제멋대로' 사람과 사물을 바라봅니다. 그러나 명사名辭[42] 이전에 존재하던 혼돈의 세계, 즉 주객관이 분리되기 이전의 세계, '일심일절법·일절법일심一心一切法一切法一心'[43]의 세계, 그것이 바로 '자기'라고 우치야마 고쇼 스님은 말했습니다. '있는 그대로'란 이런 세계입니다.

....

42 개념을 나타내는 말. 명제命題의 구성 요소가 된다. —옮긴이

43 일본의 선승 도겐道元(1200~1253)이 집필한 불교 사상서 《정법안장正法眼藏》에 나오는 말. '마음이란 모든 존재이며, 모든 존재는 마음의 모습'이라는 의미다. —옮긴이

물론, 시종일관 이런 관점을 가질 필요는 없습니다. 그리 쉽지도 않을 테고요. 하지만, 그럼에도 불구하고 '세상 기준'의 눈 이외의 시선으로 자신이나 타인을 보는 순간을 갖는 것은 중요합니다.

사람들은 보통 '자아'만을 '자신'이라 믿습니다. 그런 까닭에 모든 것을 자아의 눈으로 보고, 자아의 마음으로 살아갑니다. 그래서 '생명'의 '있는 그대로'의 세계를 볼 수 없고, 생명 그 자체를 소중히 여기는 마음을 잃어버리는 것은 아닐까요? 그렇다면 여기서 '생명 그 자체를 소중히 여기는 마음'은 무엇일까요. 그것은 아마 기도하는 마음일지도 모르겠습니다. 보통의 '언어'로는 표현할 수 없기에 '시'로 표현되는지도 모르겠네요.

8. 지금의 나를 좋아하게 되기까지

'있는 그대로'의 자신은 '성장하지 않는' 것?

사람들이 있는 그대로의 내 삶을 보통으로, 당연하게

살고 있다면 굳이 일부러 '있는 그대로 괜찮다' 같은 말을 할 필요도 없을 겁니다. 하지만, 그것이 당연하지 않고 늘 '착한 아이'라는 타자로 살아가지 않으면 안 되니 굳이 '있는 그대로 괜찮다' 같은 표현을 써서 제시하는 것입니다.

그 근거로 이 당연한 말에 대해 예컨대, "'있는 그대로 괜찮다' 같은 건 '건방진 소리'"라고 공격하거나 "'지금 이대로 괜찮다'는 생각 같은 걸 하면, 지금의 나에 안주해 성장할 수 없게 된다"고 말하는 사람들이 있습니다. 하지만, 이런 사람들의 생각은 착각입니다. 노력하고 힘쓰지 않으면 변화·성장할 수 없다고 믿는 거니까요.

하지만, 대개 '노력한다'는 것은 변화와 성장을 원치 않기 때문입니다. 내게서 노력한다는 것을 빼놓으면 나 자신, 내가 아닌 다른 사람이 되어 버린다고 생각하기 때문에 그런 사람들은 '노력하는 착한 아이'라는 자기상을 사수하려 노력하는 것일 뿐입니다.

제가 말하는 '있는 그대로'란, 물이 그러하듯이 어느 순간의 모습 속에 있는 것이 아니라 끊임없이 모습을 바꾸며 흘러가는 것을 의미합니다. '있는 그대로 괜찮다'는 말은 무심히 나 자신으로서 살아가기 위한 말이지만, 여기서 까다로운 부분은 이 표현을 사용하면 또한 그 말에 지나치게 휘둘릴 수도 있다는 점입니다. '있는 그대로 괜찮다'란, 무심히 '자신이 자신으로서 존재하는' 모습을 가리키지만, 사람에 따라 그 '가리킨다는 것' 자체에만 연연해 나를 '있는 그대로 괜찮다'고 볼 수 있을지 고심하게 된다는 이야기입니다.

'있는 그대로'는 건방지다?

그러나 '있는 그대로'는 성장하지 않는 것 아닌가, 나는 '있는 그대로 괜찮다'고 볼 수 있을까 등을 걱정하거나 고민하는 이도 자유롭고 느긋하게 사는 사람을 본다면 마음속 어디선가 그런 유연하고 자연스러운 존재 양태에 끌려 부러워하는 자신을 깨닫게 될지도 모릅니다. 혹은, 그 이면에서 '있는 그대로'의 자신을 받아들이면 '내가 나 아닌 다른 사람이 되어 버릴지 모른다'는 불안감이 고개를 쳐들 수도 있습니다.

인간도 송사리나 개구리, 혹은 다른 동물들과 같은 생

명체입니다. 생명체는 '있는 그대로' 살아감으로써 변화하고 성장합니다. 그것이 생명체가 가진 '있는 그대로'의 모습입니다. '있는 그대로'의 모습이라 해서 변화도 성장도 하지 않는 게 결코 아닙니다. 역으로 변화하고 성장하는 모습 속에 '있는 그대로'의 의미를 담고 있는 까닭에 생명체가 변화도 성장도 하지 않는다면 '있는 그대로'의 나 또한 생명을 잃어버리게 됩니다.

그러니 오히려 '있는 그대로' 살아가는 것은 계속 자연스럽게 변화하고 성장함을 의미합니다. 저는 '있는 그대로'를 인정하지 않는 것이야말로 건방진 일이라 생각합니다. '있는 그대로'라고 자연스럽게 변화하고 성장하는 존재에게 '이렇게 해야 한다'며 좁은 가치 기준을 강요하고, 자신이 기대하는 '착한 아이'나 '노력가'라는 자기상 안에 자신을 가두는 것이야말로 '건방' 그 자체 아닐까요?

모두가 그 나름대로 사는 것을 격려하는

자기긍정감

자신을 질타·격려하며 노력하는 사람은 종종 타인에게

도 같은 것을 요구합니다. '자신에게 엄격한' 사람은 '내가 이렇게까지 노력하는데, 저 녀석은 뭐야!' 하면서 타인에게도 엄격해지기 쉽습니다. 자신에게 엄격한 사람이 타인에게 상냥해지기란 사실상 불가능하기 때문입니다. 그런 사람은 '지금 이대로 괜찮다'는 말을 들으면 마치 노력가인 자기 삶의 방식이 부정당하는 것 같아 반감을 품을지도 모릅니다.

하지만, 제 생각에는 엄격하게 자신을 질타·격려하며 노력하는 사람은 스스로 그 '엄격함'의 정체를 확인할 필요가 있습니다. 모자란 부분을 가진 자신을 받아들이지 못하는 것은 아닌지, 자신에게 완벽함을 추구하라는 건방진 요구를 하며 자신을 위협하고 있는 것은 아닌지, 그것을 엄격함이라 잘못 생각하고 있는 것은 아닌지 돌아볼 필요가 있습니다.

진정한 엄격함은 '위협'과 다릅니다. 아무튼, 여기서 알아 두셨으면 하는 것은 그것이 결코 안이한 쪽으로 흘러가려는 '어리광'도 '건방'도 아니라는 것입니다. 오히려 '있는 그대로'를 인정하는 것이 마음을 해방시키고 자유로운 삶을 살아가기 위한 필수 조건이라 하겠습니다.

'있는 그대로의 나'로 충분하다고 생각하니
나를 좋아하게 되었습니다

초등학교 1학년 시절 담임선생님에게 체벌을 받은 후 등교거부를 하게 되었던 어느 여학생은 이후 초등학교, 중학교 등을 거치는 동안 거의 학교에 나가지 않고 의무 교육 기간을 마쳤습니다. 그런 그녀가 15세였을 당시 어머니와 함께 교육연구집회에 참가하고 나서 제게 이런 이야기를 해 주었습니다.

"지금 저는 제가 좋습니다. '있는 그대로의 나로 충분하다'고 생각하면서 저 자신을 좋아하게 되었거든요. 하루하루를 스스로가 만족할 수 있게 지내고 싶어요."

여학생의 이 이야기는 그 자리에 참석한 학부모와 교사들에게 깊은 감명을 주었습니다. 그녀의 이야기 속에는 두 가지 중요한 포인트가 있습니다. 하나는 '그렇게 하니 마음이 즐거워져 이것저것 해 보고 싶은 의욕이 끓어올랐다'는 것입니다.

이 말은 임상심리사로서 등교거부 아이들을 상담해 온 저 같은 사람에게 무척 잘 이해되고 공감 가는 이야기입니다. 부모나 교사들의 기대에 부응하려면 '이렇게 해야 한다'면서 '착한 아이'로 살아가기 위해 노력해 온 사람일수록 그 덕분에 주변으로부터 대체로 좋은 평가나 평판을 얻을 수 있지만, 막상 그 사람 자신의 마음속으로 들어가 보면 의외로 자신을 사랑하지 않는 경우가 많습니다.

'착한 아이'는 왜 쓸쓸한 나를 싫어할까?

이는 '…하지 않으면 안 된다'는 속박에 얽매여 '있는 그대로'의 마음으로 매사를 자유롭게 느끼는 삶을 살아오지 않았기 때문입니다. 부모님이나 선생님들 마음에 들기 위해 '있는 그대로'의 자기를 내팽개친 채로 살고 있으니 그런 나를 좋아하게 될 수가 없죠. 그런 사람들 모두가 문제점을 깨닫거나 자각하고 있을 리 없습니다. 하지만, 어느 쪽이든 '있는 그대로'의 나를 내팽개친 채 사는 자신에 대해 깨닫고, 바로 이 지점에서 발생하는 힘겨움, 공허함, 쓸쓸함을 자극함으로써 카운슬러 등의 도움을 구하는 경우도 적지 않습니다.

'착한 아이'의 틀 안에 나를 가두고, '있는 그대로'인 나를 내팽개친 채 사는 사람은 예컨대 사이좋은 친구나 사랑하는 연인과 함께 있어도 어딘가 쓸쓸함을 느낍니다. 그렇지만, 왜 쓸쓸한지 알지 못합니다. 사랑하는 사람과 같이 있는데 왠지 쓸쓸하다고 호소하는 이유는 가장 가까이에 가장 소중한 자기 자신(있는 그대로의 자신)이 함께 살고 있지 않기 때문입니다.

아이 시절에는 어쩔 수 없었더라도 한층 더 생명력이 상승해 성에 눈뜨고 인생의 주인공으로 다시 태어나야 할 사춘기·청년기부터 스스로 위화감을 느껴 '착한 아이'에서 탈피하기 시작하는 예도 많이 있습니다. 물론, 심할 때는 이 탈피에 목숨을 걸어야 하는 경우까지 있죠. 하지만, 그때야말로 자기 자신을 되돌릴 기회입니다. 등교거부도 그런 기회가 되는 일이 적지 않습니다. 하지만 그렇게 되기 위해서는 이 상황 자체를 '골치 아픈 문제'가 아닌 '기회'로 보고, 탈피에 도움을 줄 사람이 곁에 있어야만 합니다.

이런 기회를 잘 활용하면 '이렇게 하지 않으면 안 된다'

는 '감옥'에 갇혀 있던 자신의 '있는 그대로'를 해방시킬 수 있습니다. 마음이 자유로워지면 '이렇게 하지 않으면 안 된다'는 생각에 휘둘리지 않고 자연스럽게 '이것도 하고 싶다', '저것도 하고 싶다'는 기분이 들게 되니까요. 이런 삶을 살며 생기가 넘치는 자신을 회복할 수 있습니다. 탈피를 도와주는 카운슬러의 역할에 대해서는 나중에 더 살펴보도록 하겠습니다.

9. 끊임없이 세계에 용서받으며 살고 있다

한 사람 한 사람의 인생 목표는
모두 다르다

모두와 같은 가치를 추구하고, 더불어 살아가며 안심하는 삶의 방식을 가진 사람이 많으면 경쟁이 일어납니다. 다들 서로를 흉내 내며 같은 것을 좇으니 경쟁하게 되는 겁니다. 한 사람 한 사람이 다른 목표를 향해 달리면 경쟁할 리 없겠지요. 사실 인생의 목표는 한 사람 한 사람이 서로 다릅니다. 주어진 생명을 '자신'으로서 받아들이고, 나밖에 살 수 없는 인생을 사는 것, 그것이 한 사람 한 사람의 목표니까요. 그 이외에 생명의 목표는 없습니다.

　이 사실을 자각하면 '나는 나, 타인은 타인'이라는 각오覚悟가 가능해집니다. 타인과 비교할 일 따위는 없어지겠죠. 비교할 필요가 없으니까요. 당근은 당근이 되는 것이 목표이고, 무는 무가 되는 것이 목표잖아요. 당근과 무의 됨됨이를 비교한들 아무 의미가 없습니다. 하지만, 우리 사회의 사람들은 어쩐지 좀처럼 그런 관점을 갖지 못합니다. '모두 함께'라는 일체감을 좋아하기 때문입니다.

　모두 가지고 있는 것을 원하고, 모두가 추구하는 것을 원하지요. 그런 습성이 있으므로 경쟁이 치열해집니다. 각기 다른 것을 좇아가면 되는데 말입니다. 그러므로 이 사회를 살아가는 사람들의 과제는 '모두 함께' 살아가는 게 아니라 한 사람 한 사람이 좀 더 개인으로서 자립하는 것입니다. 그러면 '나는 나, 저 친구는 저 친구' 하며 살아갈 수 있게 됩니다. 서로 간의 마찰도 적어지고요. 적당한 거리를 유지할 수 있기 때문입니다. 헌법 제3조에 명시된 '모든 국민이 개인으로서 존중받는…'이라는 문구는 한 사람 한 사람이 '서로 다른 나'로서 존중받는다는 의미입니다. 국민 한 사람 한 사람이 그런 삶의 방식대로 살아간다는 거죠.

타인과 비교하면 고뇌가 깊어진다

경쟁 사회에 적응해 남과 비교하는 버릇이 들면, 자신이 불행에 직면했을 때 '어째서 나만 이런 일을 당해야 하나'고 한탄하며 자신의 운명을 저주하고 스스로 괴로움을 키우게 됩니다. 그뿐만 아니라 '저 친구는 저렇게 행복한데' 하며 타인과 비교까지 하고 자신의 괴로움을 더욱 증폭시킵니다. 자기 학대가 이만저만이 아니죠.

스스로 '내 인생을 사는 것'이 목표라면, 그 과정에서 일어나는 행·불행을 타인의 행·불행과 비교하는 것은 어리석고 의미 없는 일입니다. 그것은 자기 고유의 불행이니까요. 그 불행은 자신의 인생을 자기 고유의 인생으로 만들기 위해 주어진 불행이라 할 수 있습니다. 그렇게 받아들일 각오를 하면 당황할 필요가 없습니다.

최근 이런 문제와 관련해 사람들을 격려하는 메시지가 많이 있습니다. 예컨대, '위기는 기회다' 같은 말이 대표적입니다. 제 친구 중 하나는 제가 4년 전 암으로 방사선 치료를 받게 되었을 때 다음과 같은 메시지를 전해 주었습니다. "감사하다(아리가타이, 有難い)라는 말 속에는 '곤란(難)'을 뜻하는 글자가 있지. 이는 곤란을 겪음으로써 감사함을 알게 된다는 의미 아니겠는가. 그렇게 마음속으로 고맙다고 되뇌다 보면 큰 곤란은 작은 곤란이 되고, 다시 작은 곤란은 무난(無難)이 되어 사라질 걸세…" 고마운 메시지였습니다.

용서의 자기긍정감

제가 이야기하는 자기긍정감은 '평가'의 자기긍정감이 아니라 '용서'의 자기긍정감입니다. 몇 번이고 반복하지만, '옳지, 옳지' 하는 용서의 말을 통해 얻어지는 자기긍정감인 것입니다. '이렇게 남들에게 폐를 끼치는 나지만, 존재하면서 삶을 이어가도 괜찮구나.' 그렇게 존재를 인정받아 살아가고 있다는 것을 자각함으로써 얻어지는 자기긍정감이죠.

내가 살아가며 존재한다는 것만으로 지구의 다른 생물에게 얼마나 폐가 되고, 다른 사람들에게도 폐가 될까를 통렬히 새기면서, 그런데도 존재를 인정받고 있다는 사실을 깨닫고 감사함을 느끼며 사는 것. 그것이 '있는 그대로 괜찮다'는 자기긍정감 아닐까요. 그렇게 '미안합니다, 용서하세요. 그리고 감사합니다' 하는 마음으로 살아가는 겁니다.

내가 하루를 살며 존재한다는 것만으로 주변에 얼마나 많은 폐를 끼치고 있습니까. 식물이나 동물의 생명을 빼앗고 공기를 오염시키며, 배설물과 쓰레기를 내보내고, 나쁜 상념을 재채기하듯 주위에 흩뿌리지만 끊임없이 용서받고 있지요.

'좋은 부분을 찾아내 칭찬함으로써' 길러지는 자기긍정감도 자아가 힘이 나도록 하려면 다소 필요하겠죠. 하지만, 그 이전에 떠올리지 않으면 안 될 것이 있습니다. 내가 지구와 땅의 생물들, 그리고 주변 모든 것에게 얼마나 폐를 끼치며 살고 있느냐는 것입니다. 이 점을 생각한다면

그런 나일지라도 여기 살며 존재한다는, '옳지, 옳지' 하고
용서 속에 받아들여지고 있다는 것을 깨달아야 하지 않을
까요?

프리 스타일 승려들과 '절대적 자기긍정감'

천태종에서도 있는 그대로 솔직하게 자신의 인생을 인정
하며 살아가는 것을 소중히 여긴다는 것을 전하고 싶습
니다. 본각사상本覚思想[44], 즉 모든 이가 본래 그 자체로 부
처라는 발상입니다. 예컨대, 신란親鸞 성인(1173~1262)[45]의
가르침을 통해 보면, 아미타阿弥陀[46] 님이 중생 구제를 위
해 하신 서원誓願에 의해 누구나 이미 구원을 받고 있다고
해석할 수 있을지도 모르겠는데, 이런 관점에서 이 나라
불교 종파들은 서로 굵은 파이프라인으로 연결되어 있다

---

44 사람이 본디부터 가지고 있는 맑은 마음. 삼각三覚의 하나로 사회, 인생 등에 대한
   일정한 견해. -옮긴이

45 일본의 고승. 일본 불교의 한 종파인 정토진종의 창시자. -옮긴이

46 대승불교의 부처 가운데 서방 극락정토의 주인이 되는 부처. -옮긴이

고 할 수 있겠죠. 본디 부처이니 지금의 내게 일어나는 모든 일이 부처로서의 현신인 바, 내게 불필요한 것은 하나도 없다고 느끼는 것입니다.

이대로는 안 되니 바뀌어야 한다고 자신을 부정하는 수행이나, 너는 모자란 녀석이라며 협박하는 수행은 불교답지 않습니다. 지금의 내가 백 퍼센트의 나 자신이라는 점을 인정하는 것은 정토진종에서도 천태종에서도, 진언종 또는 그 외 다른 종파에서도 공통된 이야기입니다. 절대적 자기긍정감을 갖는 것이 일본 불교의 큰 특색이라는 말씀입니다.[47]

얼마 전 우연히 집어 든 잡지에서 이 부분을 읽었는데, 제 책 《자기긍정감이 뭐지?》[48]와 같은 이야기를 하고 있다는 점이 재미있었습니다. '절대적 자기긍정감' 같은 말이 등장하는 것도 기억에 남았고요. 종교라는 단어의 '종'은 '근본'이라는 의미입니다. 여기서 비롯되는 가르침이니 종

---

47 《프리 스타일 승려들의 프리 매거진 — 불교의 미래에 도전하는 정보지》, 2013년 8월 9일 제24권.

교를 다른 말로 풀면 '근본의 가르침'이라고 표현될 수 있겠습니다. 그래서 '종교'는 중요하다고 생각합니다. 다만, 이런 종교가 일각에서 그 본질을 잃고 진실성을 의심받는 경우마저 발생하고 있는 현실이 안타까울 따름이죠. 하지만, 다른 한편으로 제가 생각하는 자기긍정감을 추구하다 보면 종교의 영역과 맞물리게 되는 부분도 있지 않을까 생각하던 참이어서 무척 흥미로웠던 것은 사실입니다.

'살려지고 있다'는 감각

'커다란 생명'으로부터 비롯된 '생명'이라는 감각, '거대한 무언가의 일부분으로 살려지고 있다'는 감각을 사람들이 얼마나 실감할지 저는 알지 못합니다. 물론, 저는 그런 인식을 가지고 있습니다. 하지만, 어린 시절에도 그랬느냐고 물으신다면 글쎄요, 그다지 기억이 나질 않습니다. 어린 시절에는 '자신', '자력' 같은 것들에 연연하며 거기 의지하려는 마음이 강했던 것 같습니다.

거대한 무언가의 일부로서 살려지고 있다는 감각을 깨

---

48 《自己肯定感って、なんやろう?》, 카모가와슛판かもがわ出版, 2008.

우치면, 거대한 존재의 품에 안겨 살아간다는 안심감이 듭니다. 제가 생각하는 자기긍정감도 이것에 가깝지 않을까 최근 들어 자주 생각하게 됩니다. 특히나 '천지일배의 생명으로 산다'(우치야마 고쇼 스님) 같은 말씀을 접하면 정말 딱 들어맞는다는 생각마저 들고요.

대학에서 가르치던 한 학생은 수업 시간에 인간은 살아 있는 게 아니라 '살려지고' 있는 것이라는 제 이야기가 인상에 남았는지 다음과 같이 말했습니다.

'살려지고 있다'고 생각하는 것만으로 무슨 일에든 마음이 넓어집니다. 나 스스로 '진정한 나'로 살지 않으면 인생이 너무 아깝지 않을까, 모처럼 살려지고 있는 인생인데 내 마음속의 내게 솔직해지지 못한다면 미안하지 않나 하는 느낌이 들었습니다. 그런 느낌에 비추어 보면 '진정한 나로서 주변과 관계를 맺는 일보다 거짓된 내가 되어 무리해서 타인과 접하는 쪽이 훨씬 두려운 일 같고요. 촌스럽다거나 눈치가 없다는 이유로 남들에게 미움을 받을지 모른다고 걱정하기보다 자신에게 늘 솔직해져야겠

진정한 나로 살아가고 싶다...

나 스스로 '진정한 나'로 살지 않으면
인생이 너무 아깝지 않을까.

다고 생각하는 것이 나 자신의 삶을 '살려지고' 있는 이상 훨씬 중요하지 않을까, 그렇게 하지 않으면 한 번뿐인 인생이 너무 아까울 거라는 생각도 들었습니다. 이렇게 제 사고방식이 크게 바뀐 것도 선생님의 세미나에 참가하면서 자기긍정감을 중심으로 '진정한 나'로 살아가야겠다고 생각했기 때문입니다.

이는 어떤 거대한 존재의 일부로서, 혹은 거대한 연결고리 속에서 '살려지고 있음'을 자각하며 스스로 솔직한 삶을 살지 않으면 인생이 아깝다, 내게 정말 미안하다고 느낀 이야기입니다. 그렇게 살려지고 있는데, 고작 '거짓된 나'로 살 수는 없지 않으냐는 거죠. 대단히 잘 이해되는 느낌입니다.

돌이켜 보면, 저도 스무 살 시절 '둘도 없이 소중한 내 인생의 시간을 거짓된 나에게 써서는 안 된다, 진정한 나로 살아가고 싶다…'는 일기를 썼습니다. 저도 젊은 시절 위에서 이야기한 학생처럼 이미 거대한 '생명'에 의해 살려지고 있는 내 '생명'의 소중함을 깨닫고 있었을지도 모르겠습니다.

'아깝다'는 마음

지금의 사회는 사물을 소비하며 쓰고 버리는 일을 통해 발전하는 소비자본주의 사회, 즉 사물을 하찮게 취급하는 사회입니다. 사물을 하찮게 쓰고 버리는 사회는 인재화한 인간 또한 쓰고 버리는 사회입니다. 우리의 식량이 될 수도 있는 수많은 '생명', 그리고 인간을 공히 '아깝다'는 마음으로 대해야 한다는 것을 잊은 사회 말입니다. 어느 등교거부 학생은 '이런 내가 살 가치가 있는 거예요?', '다른 생명체의 생명까지 빼앗으면서 살아야 하나요?'라고 어머니에게 하소연했다고 합니다. 그 아이는 '아깝다'는 마음을 알고 있는 겁니다.

이런 맥락에서 생각해 보면, 오늘날 아이들과 청년들이 (어른들까지 포함해서) '있는 그대로 괜찮다'는 자기긍정감을 가지고 있지 못한 것은 자신이 거대한 '생명'에 의해 '살려지고' 있다는 느낌을 잃어버림으로써, '살려지고' 있다는 감각에서 비롯되는 '아깝다'는 마음이 없기 때문 아닐까요?

'아깝다'는 말은 소중하게 존중받을 가치가 있는 뭔가가 그에 걸맞은 존중을 받지 못하고 하찮게 취급당할 때 하는 말입니다. 자신이 '거대한 생명에 의해 살려지고 있다'는 인식과 감각은 어떻게 얻어지는 걸까요?

애초에 하늘로부터 주어진 '생명'의 아까움을 받아들이는 감성은 그것을 길러 주는 문화가 건재했을 때 존재했을 겁니다. 하지만, 소비자본주의 시스템은 계속 소비하고 마구 써버린 뒤 내버리는 일을 장려하고 이에 따라 상품을 빨리 회수해 돈을 돌리는 쳇바퀴 같은 구조를 작동시키지 않으면 목숨을 부지할 수 없습니다. 그러니 이 '아까움' 같은 감성이 크게 길러질 경우 유지되지 못할 겁니다. 뒤집어 말하면, 이 시스템에 종지부를 찍기 위해서는 이런 '아까움'의 문화와 가치관을 기르는 것이 중요하다는 것입니다.

'몸소'와 '스스로'

인간이 생명체라는 말은, 거대한 우주가 선사한 생명으로 살아가는 존재라는 의미입니다. 이왕에 받은 생명이니

가능한 한 생명력 넘치게 살아가는 것이 생명체들의 동료인 인간의 책무 아닐까 합니다. 이를 위해서는 '생명'에 의지하면서 '자아'로서 살아가는 관계를 잃어버리지 않는 것이 중요합니다.

1장에서 언급했던 것처럼, 우리의 전통문화와 사상에서는 '자'라는 한자를 '몸소'와 '스스로'라 읽으며, '몸소'는 자기, '스스로'는 신이나 부처 같은 초월자, 거대한 존재, 자연의 움직임으로 이해해 왔습니다. 같은 맥락에서 자기란 바로 이 거대한 존재가 '스스로' 작용하는 힘에 의해 지탱되는 것이라고 이해됐지만, 근대화 이후 우리 사회에 유입된 서양적·근대적 시각과 사고방식으로 인해 주객을 나누고 대상을 분석적으로 파악하게 되었습니다. 그러면서 삶속에서 흔히 접할 수 있었던 이 '몸소'의 개념을 놓쳐 버린겁니다. 그뿐만 아니라 세계와의 대립 속에서 자기를 강조하고, 그 자기가 자연을 지배한다는 식의 태도에 빠지게되었습니다. 그 결과, 자신이 거대한 존재의 품에서 지탱되는 존재라는 감각을 잃어버리게 된 것입니다.

제가 말하는 자기긍정감에서 쓰는 '자'라는 한자에는 위에서 말한 '몸소'와 '스스로', 양쪽의 의미가 모두 포함되어 있습니다. 얼핏 대립하고 있는 것처럼 보이는 이 두 의미를 깊이 새기는 시각이 담겨 있다고 생각합니다. 이 의미를 생각하는 것은 앞으로 우리 삶의 방식이나 사회의 모습을 성찰하는 데에도 크나큰 의미가 있습니다.

7장

자기긍정감을 기르려면

1. 뛰어나지 않아도 각자가 인생의 주인공

자기 자신과의 상담

'있는 그대로 괜찮다'는 자기긍정감이 중요한 이유는 그것이 머리와 심장을 자유롭게 해 내가 느끼고 생각한 바를 마음껏 표현할 수 있는 내적인 기반이 되기 때문입니다. 이는 좀 더 자신의 머리, 그리고 심장과 상담하며 살아가는 것을 의미합니다.

제 생각에 이 나라 사람들의 가장 큰 약점은 '혼자'에 약하다는 것입니다. 따로 떨어져 혼자 남을지 모른다는 불안에 사로잡혀 늘 누군가와 함께 있지 않으면 마음을 놓지 못합니다.

함께 있다는 것이 물리적인 공간만을 의미하는 것은 아

닙니다. 스마트폰이나 인터넷으로 연결되어 있지 않으면 불안해하는 것까지 포함됩니다. 끊임없이 주변과 외부 세계에 자신을 밀어 넣으며 뒤처지면 안 된다는 생각에 밖으로부터의 정보에 휘둘리며 살아갑니다. 이런 상황에서 '있는 그대로 괜찮다'는 안심감은 크나큰 의의가 있습니다. 바로 '남은 남, 나는 나'임을 인정하고 살게 해 주기 때문입니다.

'있는 그대로 괜찮다'는 자기긍정감을 가지고 있는 사람은 자신이 느끼고 생각하는 것을 있는 그대로 자유롭게 표현하고 주장하며, 동시에 타인의 말에도 귀를 기울여 양자를 조화시키고 더욱 풍부한 감성과 사고 체계를 만들어 낼 수 있습니다. 하지만, '있는 그대로 괜찮지 않은' 사람은 자신이 있는 그대로 느끼고 생각한 것이 혹시 틀리지 않았을까, 이런 감성과 사고 체계가 알려지면 누군가 이상한 눈으로 보거나 바보 취급을 당하는 건 아닐까 하는 불안에 휩싸여 있습니다.

나를 믿고 남을 믿는 것

그런 불안에 휩싸여 있다 보면, 이내 뭔가 올바른 감성과 사고 체계가 따로 존재하는데 혹시나 나는 그런 감성과 사고 체계를 갖지 못한 게 아닐까 하는 의혹이 엄습해 옵니다. 그러니 자신이 느끼고 생각한 바를 자유롭게 표현하고 주장하는 일이 불가능합니다.

자신의 감성과 사고 체계를 자유롭게 표현할 수 있다는 것은 결코 자신의 감성과 사고 체계만이 옳다는 자신이 있어서가 아닙니다. 현재 자신의 감성과 사고 체계가 꼭 정답이 아니더라도 다른 이들과의 소통을 통해 더욱 풍부하게 발전시켜 가면 된다고 믿으며, 편하게 이를 준비하는 것입니다. 실패하거나 실수할 것이 두려워 전전긍긍하며 방어적인 태도를 취하지 않기 때문입니다.

예컨대, 장애 때문에 몸이 불편한 사람이 '이 휠체어를 밀어 달라'고 다른 사람에게 스스럼없이 주장하는 것을 자기 확신self reliance이라고 하지요. 설령, 타자에게 의존하는 경우가 있더라도 그로 인해 자신의 가치가 손상되지 않는다고 생각하며 자신을 신뢰하는 것을 의미합니다.

아울러 여기에는 타자의 손을 빌리더라도 타자에게 자신의 가치를 부정당하는 게 아니라는, 타자에 대한 신뢰

또한 포함될 것입니다. 그 자기신뢰감과 타자 신뢰가 진정한 자립을 지탱해 줍니다. 동시에 '있는 그대로 괜찮다'는 자기긍정감은 타자에게 자신을 표현해 몸을 맡기더라도 타자가 그것을 받아줄 것이라는 타자 신뢰와 그럴만한 가치가 있는 자신이라는 자기 신뢰를 의미합니다.

모든 사람은 소중한 존재로서 가치가 있다

'있는 그대로 괜찮다'는 자기긍정감은 자신이 무엇을 느끼고 무엇을 생각한다 하더라도, 그것으로 인해 자신이 위협받지 않는다는 안심감과 자유를 의미합니다. 따라서 그것은 자신을 긍정적으로 평가하고, 자신을 사랑하게 되는 일과 직접 이어지지는 않습니다. 물론, 나를 사랑하기 위해 스스로 마음에 드는 부분을 찾는 것과도 아무런 관계가 없습니다.

특정한 가치 기준에 의해 '좋다'는 평가를 받았으므로, 또는 좋아할 만하다는 평가를 받았으므로 자신을 긍정할 수 있는 것이 아니기 때문입니다. 거듭 말씀드리지만, '있는 그대로 괜찮다'는 자기긍정감은 '어떤 나'라도 '괜찮다'는 것입니다. 부분적인 능력이나 특성이 우수한지와 무관하게 모든 사람은 소중한 존재로서 가치가 있다는 것입니다.

바꾸어 말하면, 한 사람 한 사람은 소중한 생명체이며, 인생의 주인공이라는 의미에서 가치가 있습니다. 그러니 가치가 관계된다면 그것은 각자 인생의 주인공으로서 서로 존중한다는 의미일 수밖에 없습니다. 그 이외의 가치는 '있는 그대로 괜찮다'는 것과 전혀 무관합니다.

그 인간이 얼마나 뛰어난 능력이 있으며, 얼마나 훌륭한 특징이 있다 하더라도 그것은 인간이 만들어 놓은 지금 사회의 '세상 기준'으로 따진 것에 불과할 뿐입니다. 오늘날의 사회에 도움이 될지 여부 따위는 '있는 그대로 괜찮다'는 것과 무관합니다. 따라서 지금의 사회에 도움이 되기 때문에 '있는 그대로 괜찮다'는 것처럼 조건이 전제된 것도 아닙니다.

자기긍정감으로 인한 변화와 성장

하물며 일시적인 자기혐오에 빠지는 것이 '있는 그대로 괜찮다'는 자기긍정감에 위협이 될 수도 없습니다. 있는 그대로의 마음의 움직임은 타자를 싫어하듯 자신을 싫어할 때도 있기 때문입니다. 그 또한 자유로운 마음의 움직임입니다. 자신을 싫어하는 일도 사실로 받아들이고 인정하면서 왜 자기 자신을 싫어하는지, 그런 감정이 생겨난 경위를 생각해 본다면, 결국 자기 이해로 이어져 새로운 성장과 변화를 향해 허물을 벗는 기회가 될 것입니다.

자유롭게 느끼고 자유롭게 생각하는 것을 뒷받침하는 자기긍정감은 그런 성장·변화의 가능성을 열어줍니다. 이를 위해 자신의 마음을 마주 볼 수 있도록 도와줄 사람이 필요할지도 모르겠습니다.

자기긍정감 결여로 인한 자기혐오는 자기혐오의 악순환을 낳고 그것에 지배당하게 되는 결과를 초래합니다. 이럴 경우, 자신을 혐오하는 감정을 있는 그대로 받아들이고 인정하며 그것을 직시함으로써 그 원인과 의미를 구체적으로 찾아보는 일이 불가능해집니다. 그저 '이런 내가 싫다'고 떼쓰며 자신을 거부할 뿐이죠. 자신을 외면하고 자기혐오를 또 다른 자기혐오의 씨앗으로 삼아 자기혐오의 루프 속에 자신을 가둡니다. 그리고 한 걸음도 앞으로 나아가지 못합니다.

반대로 자기긍정감을 가진 사람이 자신을 무척 좋아한다면 자유롭게 느끼고 생각함으로써 무럭무럭 성장해갈 가능성이 열립니다. 종종 '있는 그대로 괜찮다'는 말 따위는 자신에 대한 지나친 관용이다, 노력하고 힘써서 성장·변화하려 하지 않는 건 안일한 생각이라고 믿는 사람들이 있죠. 터무니없는 오해입니다.

'있는 그대로 괜찮다'고 안심할 수 있으니 방어하지 않고 여러 경험을 통해 성장하고 변화할 가능성이 열려 있습니다. 안심하지 못하는 사람들이야말로 자신의 부분적인 능력이나 특성이 부정당할까 두려워하고 실패를 겁내던 끝에 방어적으로 되어 갑옷을 입고 싸우면서 쓸데없는 곳에 힘을 낭비합니다. 이렇게 이루어지는 경직된 노력은 오히려 성장·변화할 수 있는 자유로움과 탄력을 앗아가 버립니다.

'있는 그대로 괜찮다'는 생각으로 살아가기

'있는 그대로 괜찮다'는 자기긍정감을 갖는 것은 항상 내 생각만 하자는 것이 아닙니다. 처음부터 끝까지 나만 신경 쓰자는 것도 아닙니다. 오히려 정반대죠. '지금 이대로는 안 된다'는 걱정과 불안에 휘둘리는 사람들이야말로 늘 자신만 생각하고 신경 쓰는 것입니다.

그도 그럴 것이, 자신에 대한 평가에서 합격점을 받는 '착한 아이'가 되지 못하면 버림받을 거라고 불안해하는 사람은 늘 자신이 '착한 아이'인지 여부를 신경 쓰고 걱정해야 합니다. 결론적으로 말하자면 '있는 그대로 괜찮다'는 생각을 가져야 비로소 나를 잊을 수 있습니다. 나를 잊고 무심하게, 구애됨 없이 살 수 있다는 이야기입니다. 왜냐하면, 세상에 보여주기 위한 '착한 아이'라는 나를 만들 필요가 없기 때문입니다.

자기긍정감에 의해 지켜지고 있는 사람은 의식적으로 자신을 지킬 필요가 없습니다. 거대한 생명의 근원이 지켜주기 때문입니다. 따라서 자신은 잠시 잊고 진정한 나로서 살 수 있습니다. 하지만, 늘 자신을 신경 쓰는 사람들은 그럴 수가 없습니다. 언제나 자신을 바라보면서 평가하고 점검할 뿐이니까요. 늘 내가 어떻게 비칠지 생각하는 사람들은 자신의 삶을 살아갈 수 없습니다. 타자의 시선에 얽매여 자신을 연기하는 데만 열심이죠. 자신을 잊을 수 있으면 더 이상 자신에게 신경 쓰지 않고 세상을 위해, 남을 위해 사는 것도 가능하게 됩니다.

2. 그 사람은 세상을 어떻게 느낄까
- 공감하며 마주보기

자기긍정감에도 요령이 있을까

'있는 그대로 괜찮다'는 자기긍정감을 가지려면 어떻게 하면 좋을까요? 교육과 육아 과정에서 의도적으로 길러줄 수는 없을까요? 어떤 작용이나 조작을 통해 직접 영향을 주는 방법은 불가능하다고 저는 생각합니다. '있는 그대로 괜찮다'고 생각할 때의 나는 주체로서의 나이지, 평가의 대상이 아니기 때문입니다. 이는 자유롭게 느끼고 생각하는 주체로서의 나를 긍정하는 감각으로, 평가의 대상으로서 자신을 긍정하는 감각이 아닙니다.

따라서 제가 말하는 자기긍정감은 조작하고 통제하는 방법이 통하지 않습니다. 아이들이 어떤 위협도 느끼지 않는 가운데 자유롭게 자신의 마음으로 느끼고, 자신의 머리로 생각한 것을 신뢰하며, 이에 따라 행동할 수 있도록 마음의 격려를 얻는 데에 우리가 할 수 있는 일은 이 모든 것이 가능할 만한 환경과 인간관계, 그리고 그 밖의 조건을 정비하고 준비하는 것뿐입니다.

카운슬링은 비일상적인 공간과 시간을 준비해 위협을 느끼지 않고, 자신이 자유롭게 느끼고 생각한 것을 표현할 수 있도록 '지켜지는' 관계를 만드는 데 노력을 기울입니다. '수용적' 자세는 그런 관계를 만들기 위해 카운슬러가 취해야 할 기본 태도입니다. 이것은 조작의 기술이 아닙니다. 대충 이야기를 들어주는 척하며 상대를 집어삼켜 컨트롤하려는 잔재주가 아니라는 것입니다.

상대를 주체로서 존중하는 일

이것은 무엇보다 상대를 주체로서 존중하는 자세입니다. 상대의 눈에는 세상이 어떻게 보이고, 상대의 마음에는 세상이 어떻게 느껴지는지 그것을 우선 '있는 그대로' 받아들이려는 태도 말이죠. 이런 자세를 통해 당신은 '있는 그대로 괜찮다'는 메시지를 전할 수 있습니다. 이는 경쟁적 관계 속에서 '버려질 수도 있다는 불안'에 휩싸여 자유롭게 느끼거나 생각할 수 없게 되어 버린 아이들에게 안심과 자유를 회복시켜 준다는 점에서 큰 의의가 있는 일이기도 합니다.

반복하자면, 제가 이야기하는 자기긍정감은 어떤 척도에 따라 자신을 재고 평가해서 '좋아'하고 긍정하는 것이 아닙니다. 평가가 아닌 '공감'이자 '용서'입니다. '살아가고 존재하는' 것의 증거이자 마음이 느끼는 것에 대한 공감과 애정입니다. 자신에 대한 애정으로서의 자기긍정감은 주체와 주체 사이에서 일어나는 마음의 상호작용, 공감 관계에 의해 길러집니다. 사랑하는 것 안에는 반드시 어딘가에 그 사랑하는 상대에 대한 공감이 상호작용하며 자리하고 있기 때문입니다.

마음이 자유롭게 움직인다는 것

아무리 뛰어난 대상, 아름다운 대상이라 해도 공감할 수 있는 부분이 없다면 훌륭하다는 평가야 할 수 있을지 몰라도 사랑할 수는 없습니다. 공감하기 위해서는 마음이 자유롭게 움직여야 합니다. 뭔가에 휘둘리고 속박된다면 공감할 수 없습니다. 평가에 휘둘리면 그 평가의 척도에 지배당해 마음이 자유로이 움직일 수 없게 됩니다. '…하지 않으면 안 된다'는 논리에 얽매이고 덜미를 잡힌 마음 상태에서 행동하는 거죠. 또한, 이해관계에 지배당하면서 타인을 이용하고 움직이며 지배하는 관계는 공감을 불러일으키기 힘듭니다.

'나는 내 인생을 살고 당신은 당신의 인생을 산다', 모두가 하나뿐인 소중한 인생을 사는 주인공·주체라는 것에 대한 공감. 이러한 인간관계 속에서 자기긍정감이 길러질 수 있습니다. 수용과 공감은 대칭 관계입니다. 상대를 인생의 주인공·주체로 수용할 때 비로소 공감이 가능합니다. 또한, 상대에게 공감함으로써 상대를 더욱 깊이 받아들일 수도 있죠. 그렇게 상대와 마주할 수 있는 인간이 되기 위해서는 자기 자신이 스스로의 인생을 사는 주체로서 자립하지 않으면 안 됩니다. 그러니 이를 서로 격려할 수 있는 관계를 어떻게 만들어갈 수 있는지에 관해서도 당연히 의문이 제기될 수 있습니다.

괴로움은 빨리 해결해야 할 성가신 일?

오늘날의 사회 상황을 생각할 때, 상대의 괴로움에 관한 공감적 이해는 무엇보다 중요합니다. 아이들과 청년들 중에도 자신들의 고민을 수용하고 인정하지 못하는 경우가 많습니다. 예컨대, 이른바 은둔형 외톨이인 사람 중에는 내가 괴로워지는 것이 세상에 적응하지 못하는 '모자란 인간'인 내 탓이라며 자신을 책망하는 사람이 많습니다. 괴로워하는 자신을 받아들이지 못하는 겁니다. 게다가 지금의 사회에는 덮어놓고 '밝은 것은 ○, 어두운 것은 ×'라는 분위기가 있습니다. 그렇다 보니 '어두운' 괴로움을 사람들 앞에 내놓기 두려워합니다. 남들에게 폐가 될까 부담을 느끼는 것입니다.

일방적으로 밝음과 쾌적함을 추구하는 오늘날의 사회

풍조는 어두움과 괴로움을 가능한 한 효율적으로 처리해 배제하려고 합니다. 비유하면, 복통을 호소하는 아이에게 '많이 아파? 그래. 옳지, 옳지' 하며 배를 쓰다듬어 주지 않는 것입니다. '약 먹어', '병원에 가 봐' 같은 말 한마디로 끝내 버리는 거죠. 이 경우 괴로움은 잽싸게 처리해야 할 '성가신 일'일 뿐입니다. 성가신 일로 취급받는 괴로움을 안고 사는 사람은 안심하고 자신의 괴로움과 마주하며 그 의미를 생각해 볼 여유가 없습니다.

이는 괴로움을 공유하고 함께 생각하는(고민하는) 인간관계의 빈곤을 의미합니다. 카운슬링은 괴로워하는 사람의 곁을 지키며 상대가 안심 속에 자신의 괴로움을 마주하며 생각할(고민할) 수 있도록 도와주는 것입니다. 괴로움은 마음의 전체성이 전하는 메시지입니다. 그 메시지를 있는 그대로 받아들여 의미를 생각하고 이해할 수 있다면 괴로움은 어둠 속에서 사람을 몰아세우는 힘이 사라지고, 인생의 멋진 선물로 바뀝니다. 근심하는 사람의 곁을 지키는 가운데 생겨나는 상냥함도 그중 하나입니다.

그런데, 괴로움을 '모자람'의 근거처럼 받아들이고 괴로워하는 자신을 '성가시게' 본다면, 그 괴로움과 마주하고 귀를 기울일 수 없습니다. 들리지 않는 괴로움은 끊임없이 그 사람의 마음의 문을 두드리며 위협합니다. 어른들이 아이들과 청년들의 괴로움에 귀 기울이고, 그 괴로움을 들으며 공감할 수 있는 관계를 형성한다면, 그들이 '이런 골치 아픈 문제를 안고 있는 내가 싫다'면서 괴로움을 거부하지 않고, '괴로워하는 나도 괜찮다'면서 그 주인공인 자신을 받아들이며 살아갈 수 있게 됩니다.

그것은 분명 '있는 그대로 괜찮다'는 자기긍정감을 키울 기회가 되어 줄 것입니다. 그야말로 '신은 멋진 선물을 주신다. 선물은 고통이라는 포장지에 싸여 있다'는 말을 몸으로 실감하는 경험이 되지 않을까요.

3. 일단 '나쁜 아이'가 되기

자아는 지금의 사회에 적응하기 위해 자신을 '착한 아이'라는 틀에 끼워 맞춥니다. 하지만, 생명·마음의 전체상은 그 틀 속에 가둘 수 없습니다. 그러니 삐져나오는 부분이 많을 수밖에 없지요. 이는 결국 내가 아닌 누군가로 자아를 의식하는 범위에서 배제되고 압살되기에 이릅니다. 등교거부는 이런 문제가 드러나는 대표적인 예입니다.

인간은 변화할 때 공통으로 나타나는 마음의 움직임이 있습니다. 이는 낡은 자신을 일소하고 새로운 자신을 태어나게 하는 과정입니다. 바로 생명·마음의 전체상을 회복하는 과정이라 할 수 있습니다. 이를 촉진하는 방법이 '수용'입니다. 그 과정을 거칠게 도식화하면 다음과 같습니다.

'착한 아이'인 나 → '나쁜 아이'인 나 → '착한 아이'인 나와 '나쁜 아이'인 나를 통합한 더 큰 나(생명·마음의 전체성회복). 정·반·합의 변증법입니다. 자신이 성장하기 위해서는 낡은 자신을 일소하고 '착한 아이'뿐만이 아닌 자신의 범주를 넓혀 가야 합니다. 그러므로 일단 '착한 아이'를 그만두고 '나쁜 아이'가 될 필요가 있습니다. 등교거부를 예로 들면, 기대에 부응해 학교에 다니던 '착한 아이'인 나에서 학교에 가지 않는 '나쁜 아이'인 내가 되는 것입니다.

이를 경험함으로써 '착한 아이'인 나를 상대화할 수 있습니다. 그 정 → 반 → 합의 과정을 함께 더듬어 가는 것이 카운슬링입니다. 합에 이르는 과정에서 '정'(착한 아이)과 '반'(나쁜 아이) 사이의 극심한 갈등과 대립이 생깁니다. 그리고 그 대립을 넘어갈 때 새롭게 '더 큰 나(생명·마음의 전체성을 회복한 나)'가 태어납니다. 이 경우 '착한 아이'란 사회적인 환경에 지나치게 적응하고 있는 자아를 말합니다.

이 자아에 의해 소외당하던 자신(생명·마음의 전체성)이 그 숨 막힘, 부자연스러움을 견디지 못하고 반란을 일으킵니다. 그 결과 '나쁜 아이'가 출현합니다. 이 인간의 과제는 '착한 아이'로서 사회 시스템에 적응하는 협소한 자아의 범주를 넓히고 '착한 아이'의 틀에 끼워 맞춰지지 않은 자기(생명·마음의 전체성)를 자아 안으로 받아들여 새롭고 더 큰 자아를 구축하는 것입니다.

이런 프로세스를 촉진하기 위해 카운슬러는 '착한 아이' 쪽에도 '나쁜 아이' 쪽에도 치우치지 않고 양쪽을 수용합니다. 즉, 생명·마음의 전체성에 귀를 기울이는 것입니다. 의뢰인과 너무 가깝지도 멀지도 않게 거리를 유지하며 마주하는 거지요. 예컨대, '학교에 가고 싶지 않다'는 '나쁜

고양이 내면의 두 가지 마음

함께 있고 싶지만
혼자 있고 싶다.

아이'에게 '학교 같은 데 가지 않아도 돼'라고 말하지 않습니다. '착한 아이'에게는 '열심히 학교에 가라'고 격려하지 않습니다. 둘 다를 다정하게 품어주면서 말없이 지켜볼 뿐입니다.

'수용'은 대립 관계에 있는 어느 쪽과도 거리를 유지합니다. 즉, 자아에도 생명에도 힘을 실어주지 않으며 적당한 거리를 유지한다는 것입니다. 그렇게 한 사람의 인간을 '사회 안의 존재'인 '자아'로, 또한 '우주 안의 존재'인 '생명'으로 양쪽의 시선을 개입시켜 상대방과 마주합니다. 한편, '지금까지 열심히 해 왔으니 앞으로도 그래야지' 하는 마음이 있다면, 다른 쪽에는 '이제 노력 안 해, 다 때려치울 거야' 하는 마음이 있습니다. 두 가지 다 내 마음이죠. 양쪽의 마음을 이해받음으로써 인간은 편해질 수 있습니다. 이 두 마음이 수용되면, 서로 갈등하던 두 마음이 온전히 받아들여지는 기분이 들면서 안심하게 됩니다.

카운슬러 입장에서 양쪽의 마음을 알고 나면 '힘내'라는 말도 '너무 열심히 하지 말라'는 말도 할 수 없게 됩니다. 그 지점에 멈춰 서서 그저 함께하며 받아들이는 자세를 취할 뿐이죠. 이것이 어렵습니다. 심지어 그저 어중간한 입장이다 보니 안정감이 없는 느낌이 들 수도 있습니다. 하지만, 정말로 양쪽의 마음을 이해하고 받아들이게 되면, 그저 그 지점에서 지켜보는 것으로 충분합니다. 그러다 보면 결국 양쪽 모두를 넘어설 수 있다는 안정적인 기분이 들면서, 신기하게도 차분한 태도를 보일 수 있게 되고요.

누구도 현재의 자신에게 완전히 만족할 수는 없습니다. 어디선가 벽에 부딪히면서 자신을 좀 더 넓혀 가야 할 필요성에 직면할 때가 오지요. 그 순간 자아는 자기가 아닌 것과 마주할 수 있습니다. 바로 숨겨져 있던 또 하나의 자신(생명 마음)입니다. 이 양쪽을 인정받음으로써 자신이 넓어질 수 있습니다. 이것이 자기수용입니다. 그것은 고통스럽지만, 보람 있는 내면의 작업입니다. 카운슬링은 이를 돕는 것입니다.

4. 비일상의 장에서 일상을 재고하다

애정도 사회의 가치관에 물들어 있다

부모는 아이를 향한 애정 때문에 내 아이의 장래를 걱정하고, '아이를 위해서'라며 아이에게 돈을 들입니다. 물론, 조금도 거짓됨이 없는 마음이죠. 하지만, 그 마음은 이미 부모들도 알지 못하는 사이 '유용성'에 더욱 초점을 맞추는 오늘날 우리 사회의 가치관에 물들어 있을지도 모릅니다. 내 아이에 대한 애정이 나도 모르는 사이 '물들어 있다'는 표현이 좀 충격적일지도 모르겠네요. 하지만, 저로서는 오히려 그 정도의 표현을 쓰지 않는다면 알아차리지 못할 수도 있다고 생각합니다.

저는 '우리가 싸우는 이유는 세상을 바꾸기 위해서가 아니라 세상이 우리를 바꾸지 못하게 하기 위해서'라는 말에 깊이 감명받아 '이 세계는 돈과 권력과 빈곤으로 인간을 바꿔 버립니다. 그 힘은 엄청나게 큽니다'라는 글을 쓴 적이 있습니다. 인간이란 넋 놓고 살다 보면 자신이 사는 세상에 의해 어느 틈엔가 바뀌어 버리고 맙니다. 또한, 자기쁜만 아니라 사랑하는 사람의 목까지 조이는 짓을 미처 깨닫지 못하는 사이에 저지릅니다. 남에게 시키게 될 수도 있고요.

카운슬링은 마음에 귀 기울이는 것을
도와주는 작업

저는 카운슬러입니다. 상대의 이야기에 귀를 기울이죠. 그렇게 해서 상대방이 자신의 마음에 귀를 기울이도록 도와줍니다. 상대가 바쁜 일상 속에서 내팽개쳐 두거나 보고도 못 본 척, 또는 억압하고 있던 마음의 메시지와 차분히 마주하게 돕는 것입니다.

이는 때에 따라 상대방을 무척 힘겹게 하는 괴로운 작업이 되기도 합니다. 카운슬링을 단순히 마음이 편하게 해주는 '치유'의 작업으로 여기는 것은 단편적인 생각입니다. 자신과 마주하는 일이 너무 괴로운 나머지 도중에 중단해 버리는 사람도 있습니다. 자신을 마주하는 일은 자신도 모르는 자신의 모습에 눈을 뜸으로써 자신에게 더 넓은 시야를 제공하고, 생명과 마음의 전체성을 회복시켜 줍니다. 바로 그런 의미에서의 치유[49]를 가져오는 작업이라 할 수 있습니다. 하지만, 이를 위해 힘겨운 과정을 통과하지 않으면 안 됩니다.

그런 일을 하고 있는 까닭에 저는 일상에서 쉽게 놓칠 수 있는 마음 깊은 곳과 마주하지 않으면 보이지 않는 것이 있다는 점을 잘 알고 있습니다. 인간은 일상의 과제나 다른 일들을 막힘없이 해 나가기 위해 언제부터인가 부인하거나 얼버무리는 일들이 많습니다. 스스로에게 변명하고 사리를 억지로 끼워 맞추며 살고 있는 것입니다. 이를 정면에서 마주하기란 정말 힘든 일이죠.

하지만, 그런 일들이 이어지다 보면 대충 얼버무리는 것이 당연시되어 소중한 것을 잊거나 놓쳐 버려서 끝내 자기 자신을 변질시키게 됩니다. 카운슬링은 일상 속에서 내팽개치고 못 본 척 해 왔던 내 '마음의 진실'과 마주하는 것을 도와줍니다. 따라서 이 세상의 가치관이나 자신의 형편에 휘둘리다 어느새 자신이 놓쳐 버린 것들, 또는 못 본

---

49 치유를 뜻하는 '힐링healing'의 어원에는 '전체성을 회복한다'는 의미가 있습니다.

체 해 왔던 것들을 깨닫게 되는 것입니다.

비일상의 장에서 당연함을 돌아보다

그런 '깨달음'과 맞닥뜨리는 일을 통해 어떻게 세계가 인간을 바꿔 버리는지 알게 됩니다. 하지만, 그것은 오직 사람들의 내면을 통할 때만 극명히 알 수 있습니다. 사리를 끼워 맞춘 일상생활에서 드러난 언동만으로는 좀처럼 알 수 없던 진실이 들여다보이는 것입니다.

1995년 한신阪神·아와지淡路 대지진 이후 상담했던 한 어머니가 말했습니다. "선생님, 지진을 경험하면서 알게 된 게 있습니다. 살아 있다는 것만으로 가치가 있다는 거요. 제 아이는 학교에 가지 않아요. 하지만 그래도 살아서 제 눈앞에 있잖아요. 그 고마움, 그리고 소중한 가치에 대해 알게 되었습니다. 그래도 선생님, 부모의 욕심일까요. 아이가 살아있는 게 당연하다는 생각을 해요. 당연한 거 아니냐고요." 한 번의 지진에 6,000명이나 목숨을 잃었더랬지요. "그런데 당연하다고 생각하는 거예요. 그러니까 아이에게 그저 살아 있어 주는 것만으로도 고맙다고 해야 한다는 걸 잊어버리는 거죠. 그리고 고작 한다는 말이 공부해라, 성적을 잘 받아야 한다, 좋은 학교에 들어가라…. 순 그런 말만 하면서 언성을 높이고. 그러니까 '있는 그대로 괜찮다'는 자기긍정감 같은 게 길러질 수 없겠죠."

'죽고 싶다'고 말하는 아이와 매일 마주하는 엄마들 중 한 사람이라 이야기에 상당한 무게감이 있습니다. 저도 깊이 공감하면서 이야기를 들었죠. 그리고 생각했습니다. 그 지진이 부모들의 마음에도 지진을 일으켰구나 하고요. 아이들의 등교거부는 부모에게 그들의 마음을 뒤흔드는 '지진'과도 같습니다. '아이들의 문제' 자체가 부모의 마음을 흔드는 '지진'인 거죠. 그렇게 흔들리다 '정신을 차리고' 소중한 것에 눈을 돌리게 되는 경우도 적지 않습니다. 잊고 있던 것들을 떠올리는 것입니다. 특히 그 어머니의 경우는 지진 그 자체 때문에 마음이 흔들린 경우였습니다.

그렇게 내 아이가 살아 있다는 것이 '당연한' 일이 아님을 깨닫게 된 겁니다. 그런 눈으로 본다면 매일매일 무사히 살아 있다는 것 자체가 '기적'이라 하지 않을 수 없습니다.

마음의 때를 벗겨 내기

이 엄마뿐만이 아니라 우리는 이 사회에서 살아가는 동안, 언제부터인가 마음에 '때'가 묻어 버립니다. 이를테면 '비교하는 버릇', '남들 앞에서의 체면' 같은 것들이 그 때라고 할 수 있습니다. 한신·아와지대지진 때도 지진동이 건물을 흔들었고, 많은 건물의 벽에 금이 갔습니다. 그리고 수많은 사람이 목숨을 잃었죠. 이런 엄청난 희생 앞에서 부모들의 마음도 흔들렸습니다. 그러면서 비교하는 버릇, 남들 앞에서의 체면 같은 마음의 때도 벗겨지게 되었습니다. 그렇게 중심에서부터 부모들이 잊고 있던 '본심'이 드러났습니다.

카운슬링은 한정적인 시간과 공간 속에서 이루어집니다. 일상의 세계가 아니죠. 비일상적인 세계입니다. 그 비일상적인 세계에서 일상 속의 내 생활과 삶의 방식을 재고하는 겁니다. 한신·아와지대지진도 동일본대지진도 비일상적인 사건들이었습니다.

그렇지만 이 세계의 일상에서는 늘 여기저기서 크고 작은 비일상적인 문제가 일어나, 일상을 흔들어 놓고는 합니다. 그리고 그 비일상적인 사건으로부터 제기되는 물음을 통해 우리는 일상의 세계에서 자신들의 일생이 어떤 모습으로 존재하고 있는지 다시 생각해 볼 수 있습니다. 아이들이 일으키는 문제는 부모에게 물음을 던져 줍니다. 그 물음과 마주해 어떻게 답하겠습니까. 자신의 머리와 자신의 마음으로 생각하고 느끼는 일을 통해 자신의 답을 찾아내는 일이 중요하다 하겠습니다.

이러한 일 자체가 '있는 그대로'의 자신과 마주하고, 그 안에서 '있는 그대로 괜찮다'는 뿌리를 찾아내는 일 아닐까요.

5. 마음 깊은 곳 어둠에도 서로 귀 기울이자

청년의 힘겨움

최근 들어 저는 청년들로부터 '있는 그대로 괜찮다'는 자기긍정감에 관해 이야기해 달라는 요청을 많이 받습니다. 몇 년 전에는 교토 부 학생자치연합회 정기대회에 참석해 이야기할 기회가 있었는데요. 당시 건네받은 결의안의 '정세' 부분을 살펴보니, 오늘날 학생들이 경험하고 있는 '힘겨움'으로 예컨대 "지나치게 남을 의식하며 경쟁해 왔다", "언제나 밝고 활기찬 사람처럼 보이지 않으면 안 된다는 긴장감을 가지고 있다", "남들과 비교하다 '나는 안 된다'는 열패감을 느끼며 낙심하곤 한다" 등의 내용이 소개되어 있었습니다.

무엇보다 제가 지금까지의 경험에 비추어 '그렇겠구나' 하고 납득하며 주목한 점은 "하지만, 이런 모든 힘겨운 고민들을 좀처럼 입 밖에 낼 수 없습니다. (생략) 진정한 나 자신을 찍어 누르면서 언제나 즐거운 척을 하거나, 귀찮은 존재가 되어 버린 것은 아닌지 상대에게 폐를 끼치는 것은 아닌지 과민하게 분위기를 의식하며 지냅니다"[50]라고 적혀 있는 부분이었습니다.

저는 '학비 무상화를 지향한다', '학비 때문에 고통 받는 사람이 없도록 하자' 같은 슬로건을 내걸고 운동을 벌이는

---

50 교토 부 학생자치연합회, 제70기 정기대회 결의안.

'씩씩한' 학생들이 사회 정세를 논하는 것뿐만 아니라 자신들의 '내면정세'를 토로하고 있는 것을 보고 신선한 충격을 받은 한편 깊이 공감했습니다. 거기서 지적된 학생들의 '고통'은 카운슬링 과정에서 들었던 청년들의 내면이나 제 세미나에 참가했던 학생들의 내면과 완벽히 겹쳤기 때문입니다.

두 가지 괴로움을 겪는 청년들

그 문제는 바로 청년들이 자신들을 부정하는 경향을 가진 한편, 주변의 어른이나 친구들에게 스스로의 고민이나 괴로움을 표현하는 데 불안과 공포를 느낀다는 두 가지 '괴로움'이었습니다. 저는 지금껏 등교거부나 은둔형 외톨이 문제를 비롯한 '마음의 고통'을 안고 있는 청년들의 내면과 마주할 기회가 많았는데, 그 기저에는 '나는 모자란 인간'이라는 자기부정에 사로잡힌 마음이 있었습니다. 그 자기부정은 '나는 이런 문제가 있다'는 부분부정이 아닙니다. '이런 모자란 나 같은 건 사라져 버리는 게 낫다'는 전면 부정입니다.

'자신'은 내가 같이 지내며 평생을 살아가야 할, 나와 가장 가까운 존재입니다. 이런 자신을 송두리째 혐오하고 거부하는 모습입니다. 나 자신을 수용하지 않고, 나와 더불어 살아가기를 거부하는 거죠. '모자란 자신과 더불어 살아가는' 일이 불가능한 것입니다.

최근 빈곤과 격차를 낳는 사회구조로 인해 부모들의 생활이 불안정해지고 이 현실을 배경으로 '아동빈곤'도 한창 문제가 되고 있습니다. 그 가운데서도 정신적·심리적 불안을 가중시키는 가장 심각한 문제가, 그들의 '고통'과 '괴로움'에 귀 기울이며, 온전히 받아들여 줄 상대가 없다는 고립감입니다. 이는 단지 그런 사람이 주변에 존재하지 않는다는 것만을 의미하지 않습니다. 더욱 큰 벽은 그들 자신의 내부에 있죠.

자신을 '모자란 녀석'이라고 미워하며 부정하는 그들은 그 '모자란 나'를 남들 앞에 내보이기 두려워합니다. 게다가 자신의 '고통'과 '괴로움'을 남들 앞에 내보이는 일이 상대에게 폐가 될 것이라 생각합니다. 그래서 더욱 남에게 자신의 이야기를 할 수 없게 되죠. 어디선가 '폐 끼치지

마!'하는 소리가 들려오는 것 같은 느낌은 이런 태도에 박차를 가합니다.

즉, 그들은 자기 자신을 받아들이고 자신과 더불어 살아가는 것으로부터도, 타인과 더불어 살아가는 것으로부터도 차단되어 있습니다. 그들에게 무엇보다 필요한 것은 '타인과 함께하는 가운데, 안심하며 자기 자신으로 살아갈 수 있는', 그런 용서와 공감의 인간관계 속에 자신을 위치시키는 것입니다. 이것이 그들의 '설 자리'가 됩니다. 그 자리에 스스로를 위치시킴으로써 '있는 그대로 괜찮다'는 자기긍정감이 마음에 뿌리내리고 자라나기 시작합니다.

학교와 교실에서의 인간관계

청년들이 '자기긍정감'이라는 말에 끌리는 것은, 학교에서 친구관계로부터 배제되고 '내가 받아들여지지 않는구나' 하는 불안을 경험한 데서 비롯되는 듯합니다. 다시 말해, '타자와 함께하며 안심 속에 나 자신으로 살아가는' 관계를 구축하지 못하는 것이 큰 요인이 되는 것 같습니다.

학창시절부터 또래들로부터의 배제를 경험하고, 같은 세

대의 눈을 필요 이상으로 의식하게 되어, 그들에게 자신을 내보일 수 없게 되는 거죠. 예전에 제 세미나 시간에도 제대로 토론을 하지 못하고, '이런 말을 하면 바보 취급을 당하지 않을까' 불안해하는 학생이 늘고 있다는 느낌을 받았습니다. 그렇다 보니 '자기긍정감'이 주제인 제 세미나가 엄청난 인기를 끌기도 했지만 말입니다.

그렇지만 세미나에서 토론을 유도하기란 좀처럼 쉽지 않았습니다. 바보 취급을 당하지 않을까, 상대에게 상처를 주지는 않을까, 내 약점을 적나라하게 드러내는 것은 아닐까…. 타자와 함께 지내며 안심 속에 자신을 드러내지 못하는 것입니다. 점점 자기 안에 갇혀 타자를 피하고 있다는 인상마저 받았습니다.

최근에는 '스쿨 카스트shool caste'라는 신조어까지 출현했습니다. "학급 안에 세 그룹이 있다. 잘생기고 멋진 아이들은 A급. 밝고 재미있으며 멋쟁이다. 그리고 보통인 B급, 마지막으로 어둡고 촌스러운 분위기의 C급이 있다. 학급 내에서 아이들의 그룹은 비슷한 부류들끼리 모여 굳어지며, 여기에 서열을 매긴다. 그리고 서로 관여하지 않는다.

이런 스쿨 카스트를 내면화한 청년들이 많다"고 어느 학생은 말했습니다.

이 이야기를 들어 보면, 자신의 능력은 물론 천부적으로 가지고 있는 신체적 특징이나 성격 같은 속성에 따라 서열이 매겨져, 아이들·청년들이 인격까지 전면 부정당하고 있다는 인상마저 듭니다. 이런 인간관계 속에서 자신을 긍정하며 안심하기 어려워하는 아이들·청년들도 있습니다. 학교나 사회적인 문화 속에서 '못났다'는 평가를 받고, 그것을 내면화해 '자기부정'을 하는 아이와 청년도 적지 않습니다.

어린 시절부터 가정과 유치원에서 어른들과의 인간관계 속에 온전한 나 자신이 받아들여지며 자라야 합니다. '있는 그대로 괜찮다'는 존재 수준의 자기긍정감을 토대로 삼고 학교에서의 인간관계 속에서 유지해야 할 자기긍정감을 시야에 넣는 일이, 지금의 아이들·청년들에게 중요한 과제라 하겠습니다.

오늘날 우리 아이들은 자신을 긍정해야 할 때 '팔리는 나, 쓸모 있는 나' 같은 특성, 혹은 명랑함, 외모 등의 속성이 뛰어나거나 뒤처진다는 메시지를 어린 시절부터 주입받으며 자랍니다. '경쟁 사회'라는 틀 안에서 서열의식의 영향을 완전히 받지 않을 수는 없겠죠. 학교 그 자체가 경쟁 사회일 테니 말입니다.

게다가 학교는 '의욕, 관심, 태도' 운운하면서 늘 '평가의 눈'으로 아이들을 바라보기 때문에 아이들은 비교를 통해 자신의 위치를 설정하는 습성을 기릅니다. 그 결과, 아이들의 마음속에 '평가하는 시선'이 내면화되어, 늘 자신이 어느 지점에 서 있을지 의식합니다. 이런 상황에선 아이들이 서로를 마주하면, 조건반사적으로 서로를 비교하겠죠.

또한 아이들끼리의 인간관계에선 '밝은 것은 ○, 어두운 것은 ×'라는 가치관과 분위기가 지배하게 됩니다. 이런 분위기에서는 괴로움이나 고민 등 '어두운 이야기'를 할 수 없습니다. 그렇게 내면의 상처나 불안, 외로움 등이 '언어화'되지 않고, 마음속에 쌓입니다. 그것이 어떤 계기로 인해 '행동화'되어 학급 내에서 표출되고 트러블을 발생시켜, 그 자체가 다시 새로운 고통을 그 아이와 다른 아이들의 내면에 심어 주는 양상이 나타납니다. 이 문제가 해결되지 않은 채, '트러블의 원인'을 제공한 아이는 배제됩니다. 이런 학교나 학급이 많아지고 있습니다.

아이들이 마음을 언어화하도록 돕고 그것을 나누기

문제를 해결하기 위해서는 '트러블의 원인 제공자'가 되어 버린 아이에게 다가가 아이의 내면에 귀를 기울이는 한편, 아이 안에 자리 잡고 있는 상처, 불안, 외로움, 고통과 같은 감정을 아이 스스로 언어화해서 표현할 수 있도록 돕는 일이 중요합니다. 우선 이런 문제를 이야기해도 괜찮을 만한 신뢰관계가 교사와 아이 사이에 형성되어 있어야 합니다.

하지만 '무관용(zero tolerance)' 방침에 따라 부담이 되는 '문제아'나 '성가신 아이'의 배제를 장려하는 학생 지도 매뉴얼의 일방적 하달, 전국적인 차원에서 발생하는 교사들의 업무 과중, 그 외 여러 문제들로 학교의 상황이 나날이 심각해지는 가운데 교사와 학생의 관계 설정에 실패하는 학교나 학급이 늘고 있습니다.

이 점을 염두에 두면서 학교와 교사집단의 노력으로 아이들과의 사이에 '괜찮은 신뢰관계'를 만들어 가야 합니다. 그런 아이들의 마음에 귀 기울이는 일에 힘을 쏟을 수 있었으면 합니다. 딱히 어떤 조언을 하려 하지 않아도 좋습니다. 그저 아이의 이야기를 들어주는 것만으로 충분하니까요.

이 과정이 성공한 뒤에는 아이로부터 전해들은 상처, 불안, 외로움, 고통을 학급의 다른 아이들과도 공유하는 일이 중요합니다. 이에 따라, 타자로부터 이해와 공감을 받지 못한 채 아이의 지극히 개인적인 '체험'에 머물러 있던 것들은 타자와 공유되는 '경험'의 자리를 확보할 수 있게 됩니다. '트러블의 원인제공자'인 아이가 가지고 있었던 상처, 불안, 외로움, 고통은 학급의 다른 아이들에게도 있으니까요. 따라서 이 아이의 고통과 외로움을 거울삼아 다른 아이들도 자신의 내면에 자리 잡은 감정을 깨달을 수 있습니다. 그렇게 집단 속에서 감정을 공유하고 내면적으로 서로를 연결하는 일이 중요할 것입니다.

이로 인해 학급 집단은 '타인과 더불어 지내는 가운데, 안심하고 자신의 인생을 살아갈 수 있는' 집단으로 변모하고, 그 집단 안에서 생활하면서 다양한 활동에 몰두함으로써 '있는 그대로 괜찮다'는 자기긍정감을 기르도록 서로 돕게 될 것입니다. 이것이 현재 학교의 생활지도에서 요구되는 가장 중요한 과제 중 하나입니다.

공감 원리가 살아 있는 학교와 학급 만들기

학교와 학급에 '경쟁 원리'나 서열 의식이 지배하는 관계로부터 거리를 둘 수 있는 '공감 원리'가 살아 있는 관계를 만드는 것. 그리고 그것을 도입함으로써 자신을 지배하는 경쟁 원리와 서열 의식을 상대화하고, 그 지배에서 스스로 마음을 해방시킬 수 있습니다.

그런 집단의 토양에 스스로를 위치시킴으로써 '있는 그대로 괜찮다'는 자기긍정감이 움트게 하고, 키워 나가는 일이 가능해집니다. 이러한 생활지도·실천이 가능하려면 교사는 무엇보다 우선 아이들에게 '기저귀'를 채워 줘야 합니다. 아이들이 안심하게 해 주자는 비유입니다.

요즈음 아이들은 즐겁고 기쁜 일은 부담 없이 이야기하지만, 괴롭고 힘든 일에 대해서는 타인에게 이야기하지 않습니다. 자신의 괴로운 점이나 힘든 점을 이야기하면 상대에게 폐가 된다고 느끼기 때문입니다. 비용을 소요하는 인간은 미움을 받고 배제될지도 모른다는 불안과 공포를 넘어설 수 있도록, '기저귀에 볼일을 보더라도 괜찮다'는 안심감이 필요합니다. 이러한 안심감을 줄 수 있는 존재를 저는 '기저귀'라 표현합니다.

서로 대화하는 교사집단

학대와 폭력적인 환경 속에서 자라 발달장애나 질환이 생기고, 형제간 갈등이나 차별 대우로 인해 가족 내 인간관계에 상처받거나, 그 트라우마 때문에 대인관계를 제대로 하지 못하게 되는 수많은 아이들이 있습니다.

그런 아이들은 이런 인간관계를 학급 내에까지 그대로 가지고 들어와 서로 상처를 남기는 문제를 일으키기도 합니다. 그런 관계를 풀어내기 위해서는 교사가 문제가 일어난 순간 당사자의 감정과 기분의 움직임을 잘 살피고, 이를 풀어줄 수 있는 힘을 길러야 합니다. 이를 위해서는 교사 자신도 상처받으면서 느낀 감정이나 기분 등을 누군가에게 이야기하고, 또한 그 누군가가 교사의 이야기를 진지하게 들어주는 경험을 쌓는 것이 중요합니다.

자신의 괴로운 일, 힘든 일을 누군가에게 털어놓음으로써 마음이 편해지거나, 평소 균형을 이루지 못했던 감정을 다시금 인식하는 체험으로 누군가 자신의 기분과 감정을 주의 깊게 들어 주는 일이 얼마나 중요한지 실감할 수 있기 때문입니다. 따라서 아이들의 이야기에 귀를 기울이는 것이 얼마나 큰 효과가 있는지 스스로 알 수 있게 됩니다. 이런 경험을 제공해 줄 수 있는 교사집단의 존재와 그 안에서의 동료의식이 중요하다고 하겠습니다.

6. 만들어 내거나 꾸미지 않은 그냥 '나'로 있기

대학의 학부에서 제가 담당했던 세미나의 주제는 '현대

사회와 마음의 문제'였습니다. 자기긍정감은 당연히 세미나 속의 키워드였고요. 어느 해인가 세미나에 참여했던 한 학생이 쓴 리포트가 자기긍정감을 무척 와 닿게 설명하고 있어 소개하겠습니다.

'신뢰할 수 있는 사람'을 생각하며 자기긍정감을 깨달았다

이번 세미나의 연구에서는 '신뢰'라는 말이 나의 키워드였다. 신뢰란 무엇인가? 신뢰할 수 있다는 것이 뭘까? 누구를 신뢰할 수 있을까? 신뢰할 수 있다면 어떻게 되는 것일까? 등 여러 가지를 생각할 수 있었다. 나에게 '신뢰할 수 있는 사람들'이란 딱히 그 '역할을 다하고 있는가'의 여부와 무관하며, '태도가 일관되어' 있는 것도 아니다. 거짓말을 하고, 시간을 지키지 않는 녀석이 있는가 하면, 바보 같을 정도로 솔직한 녀석도 있다. 동아리 활동에, 공부에 열심인 녀석도 있고 매사에 빈둥대는 녀석도 있다. 그래도 '신뢰'한다.

대체 어째서일까? 나는 '신뢰'의 기준이 무엇인지에 주목했다. '업무적인 면에서 신뢰할 수 있는 사람', '인품의 면에서 신뢰할 수 있는 사람' 등 '신뢰할 수 있는 사람'이란 워낙 그 폭이 넓고 애매한 면이 있는 까닭에, 여러 가지 면에서 포착이 가능하다. 그렇다면 나는 어떻게 '신뢰할 수 있는 사람'이라는 점을 포착했는가? '신뢰할 수 있는 사람'을 축으로 내가 왜 그들을 신뢰하는 것인지 다양한 각도로 생각해 보았다. 앞에서도 열거한 것처럼, 거짓말쟁이라든가 정직하다든가 하는 것은 상관없다.

잘 표현할 수는 없지만, 거짓말쟁이인 녀석에게 '너는 걸핏하면 거짓말을 하니까 신뢰할 수가 없어'라고 하면서도 더 큰 부분에서 나는 그 녀석을 '신뢰'한다. 나무를 예로 들면 거짓말을 하는, 신용할 수 없는 부분은 가지의 끝부분에 불과할 뿐이고, 근간이 되는 부분, 즉, 나무의 줄기 부분은 신뢰하고 있다는 이야기다. 그럼 신뢰하는 줄기 부분이란 뭘까? 거짓말쟁이인가 정직한 사람인가 하는 것은 가지의 끝부분에 불과하다. 매사 열심히 하는 녀석인가 빈둥거리는 녀석인가 하는 것도 지엽적인 부분에 지나지 않는다.

고민하던 끝에 다른 키워드, 힌트를 찾던 중 세미나의 합숙에서 '아무리 생각을 해 봐도 결국 자기긍정감과 연관되었다. 생각이 한 바퀴를 돌아 끝내는 자기긍정감에 도달하더라'는 S군의 이야기가 떠올랐다. 결국 이것도 자기긍정감과 관계된 문제일 수 있다는 생각에 자기긍정감을 키워드로 삼아 이 문제를 풀어보기로 했다.

자기긍정감은 '있는 그대로 괜찮다'는 무조건의 긍정. 이렇게 생각하니 미심쩍던 부분이 맑아졌다. 내게 있어 '신뢰할 수 있는 사람'들이 갖는 공통점은 내가 그들에 대해 '있는 그대로 괜찮다'는 안심감을 가질 수 있다는 것이었기 때문이다. 단지 가깝게 지낼 뿐만 아니라 지금껏 함께 지내오면서 같이 웃고, 때로는 싸우기도 하지만 서로 속내를 털어놓는 등 여러 가지 나를 보여 주었다는 점에서 그렇다.

내 좋은 면도 나쁜 면도 이 '신뢰할 수 있는 사람'들은 알고 있고, 나 또한 그들의 좋은 면, 나쁜 면도 알고 있다. 그래도 지금껏 무척 친하게 지내고 있다. 또, 같이 있으면 마음이 즐겁고 편안하다. 내게 있어서의 '신뢰관계'란 만들어 내거나 꾸미지 않고, 서로가 있는 그대로의 모습을 받아들이는 관계, 다시 말해 자기긍정감 같은 것이었다.

이렇게 생각해 보니 거짓말쟁이인지 정직한 사람인지, 매사에 열심인 녀석인지 빈둥거리는 녀석인지 하는 것은 평가의 눈으로 보는 '부분'에 지나지 않는, 가지의 끝부분 같다는 느낌이다. 나도 모르는 사이에 느끼던 자기긍정감이라는 감정을 기초로 신뢰할 수 있는 사람이 머리에 떠오른 것이다.

처음에는 무슨 기준으로 신뢰하고 있는 건지 나도 알 수 없었지만, 결국 내게 있어서 신뢰란 자기긍정감이었다. 이번에 신뢰에 관해 이래저래 생각해 본 덕분에 지금까지보다 자기긍정감을 훨씬 구체적으로 생각해 볼 수 있었다. 만약 '신뢰할 수 있는 사람'들이 없었다면 어땠을까 생각해 보면 정말 무서워진다. 그럴 경우 만들어진 사람에 나를 맞춰 줄 뿐인, 껍데기뿐인 인간관계만 남는 것일까. 아니면 그조차 힘들어지는 것일까. 신뢰가 '노력하는가의 여부' 따위로 결정되는 세상이라면.

'있는 그대로 괜찮다'는 자기긍정감이 없다면 심리적으로 불안정해진다는 것을 뼈저리게 느꼈다. 지금까지 몇 번

집사에게...

집사.. 너는 비록
화장실 청소도 자주 까먹고
꿀잠 자는 나를 멋대로 깨우기도 하고
아무 때나 뽀뽀를 해대서 귀찮긴지만

나는 너를 좋아하고 믿고 있어..
너는 나의 사랑스런 집사니깐..

그래서 말인데..
여러 가지 맛 츄르 세트를 하나
장만하는 건 어떨까..?
소중한 나는 여러 가지 맛이 먹고 싶지 뭐야~

그럼 기대할게! 🐾

이나 자기긍정감에 대해 배우고 위에서 언급했던 것 같은 경우도 몇 번이고 목도했으면서 정작 머리로는 쓸데없는 핑계만 이해하고, 내 스스로 자기긍정감을 진정 이해할 수가 없었다. 다시 말해, 감지하지 못하고 있었다는 점을 깨달았다. 아니, 지금 생각해 보면 훨씬 이전부터 깨닫지 못했을지도 모른다. 더러 '나는 정말 자기긍정감을 가지고 있는 것일까'라든가 '내가 상대의 부분만을 평가하고 있는 것은 아닌가' 하는 의문을 품기는 했지만.

하지만, 이번에 충분한 생각을 거친 결과, 나는 행복하게도 부모와 친구들로부터 자기긍정감을 받으며 자라왔고 나 또한 평가의 시선만으로 상대를 바라보지 않는다는 것을 확신할 수 있었다. 그리고 몇 번이나 들었던 자기긍정감의 중요성도 새삼 실감할 수 있었다.

수없이 그룹 발표가 이루어졌던 '신뢰관계'. 하지만 나는 과연 무엇을 근거로 신뢰하고 있는지 이제껏 제대로 파악하지 못하고 있었다. 결국, 이 신뢰란 다름 아닌 자기긍정감을 말하는 것이었다는 생각이 든다. S군의 말처럼, 생각하고 생각해도 결국 생각이 휙 한 바퀴를 돌아 도달한

곳은 자기긍정감이었다는 이야기다. 자기긍정감이란 정말 중요한 것이다. 내게 자기긍정감을 선사한 사람들에 대한 감사의 마음으로 가슴이 벅차오른다. 그리고 나 또한 타인에게 자기긍정감을 줄 수 있는 따뜻한 사람이 되고 싶다.

그에게 있어 거짓말쟁이냐 정직한 사람이냐, 혹은 매사 열심히 하는 녀석이냐 빈둥거리는 녀석이냐의 여부는 평가의 시선으로 상대를 바라볼 때의 부분에 불과한 것으로, 나무의 가지 끝부분과도 같습니다. 나도 모르는 사이 느끼고 있던 자기긍정감이라는 감정을 기준으로 '신뢰할 수 있는 사람'인가의 여부가 머리에 떠오를 뿐이라는 거죠. 바로 이 부분에서 서구의 '상호독립적 자기관'이 아닌 우리 사회의 '상호협조적 자기관'에 기초한 자기긍정감이 자연스럽게 부각됩니다.

상대 앞에서 '있는 그대로'의 나로 존재하는 것이 곧 상대에 대한 '신뢰'라는 것을 깨달은 학생은 자기 자신과의 관계에서도 그렇겠지요. 자신의 앞에서 '있는 그대로'의 자신으로 서 있는 것. 그것이 '있는 그대로 괜찮다'는 자기긍정감입니다. 그가 말하는 자신에게 있어서의 '신뢰관계'란, 서로 억지로 만들어 내거나 꾸미지 않은, '있는 그대로'의 모습을 받아들이는 관계, 즉 자기긍정감이었습니다.

그렇다면 그가 경험해 온 친구와의 관계, 인간관계는 어떻게 형성되었을까요? 그것을 다시 한 번 그려가는 것이야말로 우리 부모, 교사, 심리상담사, 학교 카운슬러, 학생 사회복지사, 보육사, 방과 후 교육 지도원, 그리고 아이들·청년들 관련 업무에 종사하는 모든 관계자들의 지혜를 모을 과제가 아닐까 합니다.

'사랑이란 상대의 존재를 기뻐하는 일'이라는 말은 위대한 진리를 보여줍니다. 내 존재를 기뻐해 주는 사람만 있다면, 내가 설령 가치 있는 일을 '할' 수 없다 하더라도 '존재'하는 것만으로 가치가 있다는 거니까요.

내 아이가 이 세상에 '있다'는 것만으로 힘을 받는 부모의 사랑을 예로 들면, 내 아이가 부모를 기뻐할 만한 일을 '하는' 아이이기 때문에 사랑하는 것이 아니라, 그저 내 아이가 이 세상에 '있다'는 것을 우선 기뻐해 주었으면 합니다. 아울러 그 사랑을 잊지 않기를 바랍니다. 뭔가를 '한다'고 긍정하는 것이 아니라, 거기 '있다'는 것만으로 긍정하는 것. 인간이 개인으로서의 가치를 존중받으면서 살아가는 데에는 이런 것이 필요합니다. '있는 그대로 괜찮다'는 말을 통해 제가 이야기하고 싶었던 것도 바로 이 지점이었습니다.

이것을 저는 처음에는 자기신뢰감이라고 불렀습니다. 그리고 어느 시점부터 자기긍정감으로 고쳐 부르기 시작했습니다.

경쟁이 심화되는 가운데 타인과 비교당하며 '있는 그대로의 너로는 안 된다'는 메시지로 압박받는 아이들이 많아졌거든요. 그 때문인지 '이런 나라서 미안합니다'라며 열등감에 휩싸인 채 줄곧 '미안합니다, 미안합니다'를 되뇌며 사는 것처럼 보이는 아이들·청년들도 눈에 띄게 늘었습니다. 성냥에 불을 붙여 잠시 동안 빛과 온기를 얻던 성냥팔이 소녀와 그저 그곳에 있음으로써 태양의 빛과 온기를 쬘 수 있었던 생명체. 이 두 가지 이미지가 제 마음속에 떠오릅니다.

오늘날 우리 사회의 아이들·청년들의 모습은 성냥팔이 소녀의 이미지와 겹칩니다. 그들이 추위 속에서 생명을 잃으려 할 때 신께서 그들을 구원해 주실까요? '아이들을 지키는 모임'의 표어는 '꽃에는 태양을 아이들에게는 평화를'입니다. 소중한 것을 단적으로 주장하는 좋은 말입니다. 생명체에게는 태양이 필요합니다. 동시에 인간의 아이들에게는 평화가 필요합니다.

인간의 아이들에게 평화는 태양과도 같은 것입니다. 평화의 빛과 온기를 쬐임으로써 아이들은 '나 자신으로써 살아갈' 수 있으니까요. 반면, 전쟁은 무력으로 타국을 위협하고 지배합니다. 그 대척점에 있는 평화는 사람이 '위협에 의해 지배되지 않도록' 하는 것입니다. 아이들이 '착한 아이'가 아니면 버려질 수도 있다는 불안을 갖지 않아도 된다는 이야기죠.

현재 우리 아이들이 살아가는 소비자본주의 사회는 소비자로서의 자기애 욕망을 끊임없이 환기시키며 그 충족을 향해 사람들을 몰아가는 가운데 발전·유지되는 사회입니다. 이 사회는 종종 폭군 같은 욕망에 휘둘리고 폭주합니다. 여기 종지부를 찍으려면 자기애적인 욕망의 확대에 제동을 걸 수 있는 문화와 가치관이 무엇보다 필요합니다. 자기애가 아니라 '자신을 사랑하는 마음', '있는 그대로 괜찮다'는 자기긍정감을 소중히 하는 삶의 방식은 이런 문화와 가치관을 기르는 일로 이어질 것입니다.

한 가지 덧붙이자면 전후 70년, 평화헌법에 근거해 우리는 살아왔습니다. 이 헌법의 목적은 제13조 '모든 국민은 개인으로서 존중받는다'는 것입니다. 즉, '나는 나라는 것'을 존중한다는 말입니다. 국가의 힘에 의해 나 아닌 나로 살아가도록 강요하지 않는다는 것입니다. 이 목적·이념을 실현하기 위해 존재하는 조항이 바로 9조, 전쟁의 방기放棄입니다.

전쟁이 일어나면 개인으로서 존중받는 '있는 그대로'의 삶 따위는 순식간에 날아가 버리고 맙니다. 모든 국민이 전쟁을 향해 일치단결, '불덩어리'가 되라고 강요받기 때문입니다. 이미 우리가 70여 년 전에 경험한 일이죠. 그 무렵에는 '있는 그대로 괜찮다' 같은 말은 태어날 수가 없었습니다. 이런 말을 입 밖으로 내고, 경험할 수 있었던 것도 평화헌법 하에서 '지내는' 것이 가능했기 때문이었습니다. 이를 명심하고, 잊어서는 안 됩니다.

마지막으로 이 책이 탄생하는 과정에서 원고 단계부터 큰 흥미를 보여 주고, 완고까지 조언과 격려를 아끼지 않은 신일본출판사 편집부 가쿠타 마사키角田真己 씨께 진심 어린 감사의 말씀을 드립니다.

옮긴이의 말

1.

서울의 한 중견기업에서 일하는 비정규직 A씨는 어린 시절부터 지금까지 한 '초월적 존재'에게 연전연패를 거듭하고 있습니다.

일단 "수려한 외모에 훌륭한 품성"을 '기본 옵션'으로 장착한 '그 존재'는, 지극히 평범한 A씨가 삶의 분기점을 지날 때마다 어김없이 열패감을 선사해 왔습니다. 어린 시절부터 '그'에게 불가능이란 없었거든요. 명석한 두뇌로 전교 1등을 도맡아 하고, 운동은 뭘 하든 국가대표 수준, 또래들 사이에서 인기까지 독차지해 같이 놀자는 아이들이 줄을 서 있었습니다. A씨가 턱걸이로 어렵사리 대입의 관문을 통과했을 때, 그는 비교조차 되지 않을 높은 성적으로 명문대에 입학했고, 눈부신 스펙을 쌓으며 학교를 졸업, '고소득 전문직'으로 사회에 진출해 승승장구합니다. 이거야말로 환장할 노릇이지요.

마블 코믹스Marvel Comics의 캐릭터들을 조합해 놓은 것 같은 그는 순우리말 이름의 슈퍼히어로, '엄친아'입니다.

2.

오랜만에 만난 동창생에게 "도대체 어느 시대 사람인데 SNS 도 안 하느냐"는 핀잔을 들은 B씨는 얼마 전부터 페이스북을 시작했습니다.

셀카 앱을 내려받아 얼굴 사진도 찍고, 예능프로그램이나 영화에서 멋진 말이 나오면 따로 메모해 두었다가 포스팅에 활용했습니다. '맛집'에 가면 거의 본능적으로 젓가락보다 스마트 폰이 먼저 음식으로 향했지요. 어쩌다 분위기 좋은 카페에 갔을 때, 큰맘 먹고 새 옷을 장만한 순간에도 예외가 아니었습니다. 그렇게 '페친'을 늘렸습니다. 틈날 때마다 페친의 타임라인에 놀러 가 '좋아요'도 눌렀죠. 인사 정도부터 깊은 공감까지 의미는 천차만별이지만 일단 '기브 앤드 테이크'라는 '페북 매너' 를 철저하게 지켰습니다. 아침에 눈을 뜨면 전날 밤 써놓은 포스트의 '좋아요' 수부터 신경 쓰였습니다.

하지만 무슨 일일까요. 일일이 헤아리기도 힘들 만큼의 페친이 생겼건만 '좋아요' 수가 '박스권'에 갇혀 있어 속이 상합니다. 쓸데없는 자괴감이 드는 경우도 전보다 많아졌습니다.

3.

이 대목에서 등장하는 사람이 우리의 주인공, 바로 《어쨌거나 괜찮아》의 저자 다카가키 선생님입니다.

그런데, 아무리 봐도 선생님은 흔히 생각하는 '정의의 사도' 같은 이미지와 거리가 있습니다. 아무렇게나 빗어 넘긴 흰머리에 덥수룩한 수염, 안경을 쓴 모습이 딱 동네를 산책하다 우연히 한두 번쯤 마주쳤을 법한, 늘 얼굴에 웃음기를 머금고 있는 인상 좋은 할아버지 정도라고나 할까요.

하지만, 사람은 외모로만 판단할 수 없지요. 이제 곧 일흔네 살 생일을 맞게 될 이 '인상 좋은 할아버지'를, 그를 사랑하는 독자들은 "미스터 자기긍정감"이라는 사랑과 존경이 담긴 애칭으로 부릅니다. 대학에서 수십 년간 학생들을 가르치면서 임상심리학을 연구했고, 임상심리사로서 마음의 병을 앓다 벼랑 끝에 몰린 많은 이들을 구한 경험이 있는 그는 우리에게 천진난만한 표정으로 말합니다.

"이봐요, 성냥팔이 소녀들. 당신들은 아무 문제가 없어. 있는 그대로 괜찮다는 말입니다!"

4.

저자는 '내가 남들보다 뒤떨어지는 것 아닐까' 하며 자신감을 잃고, 이내 '이런 내가 과연 지금 이 자리에 서 있을 자격이 있나' 하는 생각에 안절부절못하는 우리를 '성냥팔이 소녀'에 비유합니다. 얼어붙은 밤거리를 헤매던 소녀는 팔던 성냥 한 개비를 그어 빛과 온기를 얻으려 하지만, 성냥불은 이내 꺼집니다. 그때마다 죽음이 점점 가까워집니다. 경쟁 사회라는 '트랙track'을 쉼 없이 달리면서, 우리는 소녀가 성냥불을 켜듯 인정을 갈구합니다. 그리고 아주 짧은 순간 자신의 존재를 긍정하며 안심감을 얻습니다. 그러나 결국 성냥불이 꺼지듯 다시 적막감과 공포감이 찾아옵니다.

이 문제를 궁극적으로 해결할 방법은 언제라도 밝고 따뜻한 화롯가에서 몸을 녹일 수 있는 '집'을 갖는 것입니다. 마음속에 이 집, 바로 자기긍정감을 가지고 있는 사람이라면 어둠을 몰아내는 밝은 불빛 속에서 몸을 녹이며 자신의 생명을 지킬 수 있다는 이야기죠. "있는 그대로 괜찮다"면서 "자신을 사랑하는 마음"은 자신의 존재, 생명체로서 살아 있다는 사실 자체를 소중히 여기고 존중하게 해 줍니다. 생명력을 가지고 존재하는 '나'의 삶을 사랑하게 되는 것입니다.

5.

이는 '자기만족'과 분명하게 구분됩니다. 자기만족에는 기준이 있고, 그것을 클리어하지 않을 경우 '자기애'가 절대 충족되지 않는 까닭에 자신에게 불만을 느끼게 되니까요. 또한, 페이스북의 '좋아요'에 집착하는 것은 타인(친구)을 단지 '나르시시즘에 휩싸인 나를 받아들여 주고 기분 좋게 만들어주는 도구'로 여기는, 즉, 내 기분을 위해 타인을 조작하는 일에 지나지 않는다고 저자는 지적합니다. 진정한 의미에서 자신을 사랑하는 사람의 행동이 아니라는 것입니다.

이렇듯 심리학과 인접 사회과학, 심지어 문학과 영화, 종교학까지를 넘나들며 흥미진진하게 전개되던 《어쨌거나 괜찮아》의 이야기는 자연스럽게 '나'에 대한 것에서, 나와 분리될 수 없는 '내 주변(사회)'에 대한 것으로 확대됩니다. 그리고 바로 이 지점에서 저자는 우리에게 의미심장한 메시지를 던집니다. '세상 기준'에 비추어 상품, 효용이 될 만한 '유용성'을 획득할 수 있을지의 여부보다 생명체로서의 존재 자체를 수용해 주는 '생명 기준'에 따르는 것입니다. 얼마의 돈을 벌 수 있느냐는 '세상 기준'의 척도를 넘어, 더불어 사는 동료로서, 길동무로서 존재 자체를 소중히 하는 그런 자신, 그런 세계를 만들어 내는 일이 나를 위해서도 중요하다는 것.

어때요? (그 의미조차 제대로 파악하지 못했던) '자기긍정감'이라는 단어로 인한 선입견이 '쨍그랑' 하고 깨져 나가는 소리가 들리는 것 같지 않습니까?

6.

이쯤에서 제 글을 마무리하는 것이 좋을 듯합니다. 벌써 책을 다 읽으신 분들에게는 동어반복일 뿐이고, 아직 읽지 않으신 분들에겐 스포일러가 될 테니까요.

《어쨌거나 괜찮아》를 번역, 출판하는 과정에서 한국과 일본 두 나라의 많은 분에게 신세를 졌습니다.

책을 번역할 수 있도록 허락해 주시고, 바쁘신 와중에 한국어판 서문까지 보내주신 저자 다카가키 츄이치로 선생님, 언제나 가장 가까운 자리에서 형제의 무한한 사랑으로 저를 격려해 주시는 다도코로 미노루田所稔 신일본출판사 대표이사 사장 겸 편집장님, 평생의 은인이자 존재만으로 큰 힘이 되는 의형義兄 시미즈 다카시淸水剛 도쿄대학 대학원 종합문화연구과 교수, 제가 소개하는 책들을 언제나 한국의 독자들을 위해 최적화된 '멋진 신간'으로 재창조해 주시는 나름북스의 김삼권, 조정민, 최인희, 자랑스러운 세 동지, 소중한 친구이자 동업자이며, 헌신적 우정으로 나를 이끌어 주는 양헌재良獻齋 서재권 대표, 마지막으로 이 책의 실질적 주인인 한국과 일본 두 나라의 출판 노동자 여러분께 이 지면을 빌어 진심 어린 감사의 마음을 전합니다.

2018년 1월 홍상현

生きづらい時代と自己肯定感 : “自分が自分であって大丈夫”って?

高垣忠一郎 著

© 2015 CHUICHIRO TAKAGAKI

어쨌거나 괜찮아

오늘도 애쓰는 당신을 위한 자기긍정감 심리학

2018년 1월 15일 초판 1쇄 발행
2018년 4월 25일 초판 2쇄 발행

지은이   다카가키 츄이치로
옮긴이   홍상현
편집   최인희 김삼권 조정민
디자인   이경란
일러스트 박경원
인쇄   도담프린팅
종이   타라유통

펴낸곳   나름북스
펴낸이   임두혁
등록   2010.3.16. 제2014-000024호
주소   서울시 마포구 월드컵로15길 67, 2층
전화   (02)6083-8395
팩스   (02)323-8395
이메일   narumbooks@gmail.com
홈페이지 www.narumbooks.com
페이스북 www.facebook.com/narumbooks7

ISBN 979-11-86036-39-6 03180
값 15,000원

이 도서의 국립중앙도서관 출판예정도서목록(CIP)은 서지정보유통지원시스템 홈페이지
(http://seoji.nl.go.kr)와 국가자료공동목록시스템(http://www.nl.go.kr/kolisnet)에서 이
용하실 수 있습니다. (CIP제어번호: CIP2017033763)